RESEARCH ON THE DYNAMIC OPTIMIZATION OF AIRPORT COACH SCHEDULE BASED ON THE CHANGE OF PASSENGER CHOICE HABIT

基于乘客选择习惯变化的机场长途巴士时刻表动态优化研究

陆 婧 孟钰璨 编著

北 京

内 容 提 要

本书系统介绍了动态优化培育期内机场长途巴士时刻表的相关方案，重点讲解了培育期内市场份额演变过程的模拟方法、培育期内巴士时刻表动态优化方法以及考虑机票价格变动的巴士时刻表动态优化方法。本书数据搜集时间长，计算工作量大，基于综合性研究课题成果总结而成，可为机场长途巴士时刻表动态优化相关工作人员提供思路。

本书可供从事各类运输优化的研究人员及其他相关人员参考使用，也可作为交通运输工程专业本科生或研究生参考教材。

图书在版编目(CIP)数据

基于乘客选择习惯变化的机场长途巴士时刻表动态优化研究 / 陆婧，孟钰璨编著. —北京：人民交通出版社股份有限公司，2019.12

ISBN 978-7-114-16134-6

Ⅰ.①基… Ⅱ.①陆…②孟… Ⅲ.①机场—长途运输—汽车运输—时间表—研究 Ⅳ.①U492.2

中国版本图书馆 CIP 数据核字(2019)第 284870 号

Jiyu Chengke Xuanze Xiguan Bianhua de Jichang Changtu Bashi Shikebiao Dongtai Youhua Yanjiu

书　　名：基于乘客选择习惯变化的机场长途巴士时刻表动态优化研究
著 作 者：陆　婧　孟钰璨
责任编辑：吴燕伶
责任校对：张　贺　龙　雪
责任印制：张　凯
出版发行：人民交通出版社股份有限公司
地　　址：(100011)北京市朝阳区安定门外外馆斜街 3 号
网　　址：http://www.ccpress.com.cn
销售电话：(010)59757973
总 经 销：人民交通出版社股份有限公司发行部
经　　销：各地新华书店
印　　刷：北京虎彩文化传播有限公司
开　　本：787 × 1092　1/16
印　　张：5.75
字　　数：95 千
版　　次：2019 年 12 月　第 1 版
印　　次：2019 年 12 月　第 1 次印刷
书　　号：ISBN 978-7-114-16134-6
定　　价：38.00 元

前言

随着民航业的快速发展,中国机场数量不断增加,逐渐出现多个机场服务同一区域的现象(多机场区域)。在多机场区域中,机场间竞争日趋激烈,同时高速铁路等其他替代交通方式快速发展,使机场需要面对来自内部和外部的竞争压力,各机场只有不断提升服务质量和提供多元化服务模式,才能吸引更多的腹地客源。一些机场推出新型的集疏运服务——机场长途巴士,来增强自身的竞争力,增加机场与腹地城市间的紧密度,提高机场在区域内的市场份额。对提供新服务的机场来说,其市场份额会在市场平衡被打破后逐渐上升,并在下一个市场平衡状态形成时回归平稳,整个上升过程通常叫作市场培育期。

当机场长途巴士开通后,区域内乘客将对机场进行重新选择,乘客机场选择的变化打破了区域内原有的市场平衡,使各机场的市场份额逐渐改变。培育期内机场长途巴士时刻表对增加市场份额和加快市场份额增长非常关键,合理的时刻表不仅可以提升乘客对机场的服务满意度,加快机场乘客的集疏运效率,缓解地面交通的拥堵,还能对乘客形成潜在的持续性影响,提升短期内机场的竞争力,保证机场在长期内的竞争水平,提高区域内综合交通运输体系的运转效率。而机场长途巴士线网较为固定、简单,票价又多为成本价。因此,优化机场长途巴士时刻表是最为可行的扩大培育期内市场份额增幅和增速的方法,可以使机场长途巴士所提供的服务资源得到充分利用。培育期内机场长途巴士时刻表的优化问题是基于行为模拟的多目标动态优化问题,其优化过程包含模拟机场选择行为的各个环节,涉及机场选择习惯和机票价格的动态演变,具有复杂的反馈和衔接关系。

本书首先分析影响乘客机场选择行为的因素,基于累积前景理论模拟机场长途巴士开通后乘客机场选择行为和选择习惯的同步变化过程,得到培育期内乘客需求的变化及市场份额的演变。在模拟乘客长期需求演变的基础上,利用时刻表、机票价格与市场份额间的互动关系,以最大化培育期内市场份额增幅与增速、最小化运营成本为目标,通过设计算法对模型进行求解,动态优化培育期内的机场长途巴士单条线路及整个线网的时刻表。本书数据搜集时间长,计算工作量大,是跨学科的综合性研究课题,可为机场长途巴士的实际操作、机场的运营管理和其他新商品/服务的市场营销管理提供新的思路,具有广泛的应用价值。

全书共分5章。第1章"绪论":阐述研究背景与意义,国内外研究现状以及本书的主要思路和内容。第2章"培育期内市场份额演变过程模拟":分析影响需求的因素,基于累积前景理论构建模拟系统,进而得到机场市场份额在培育期内的增长曲线。第3章"培育期内巴士时刻表动态优化设计":构建单个城市"机场长途巴士"在培育期内的时刻表优化模型,并设计求解算法。第4章"考虑机票价格变动的巴士时刻表动态优化":构建考虑机票价格变化的培育期内机场长途巴士时刻表动态优化模型,通过求解模型得到培育期内机场长途巴士线网的时刻表以及机场在区域内市场份额的演变。第5章为本书的结论。

在本书撰写过程中,笔者得到了来自多方的指导、帮助和支持。首先,衷心感谢我的博士导师大连海事大学杨忠振教授对本书的成稿提出了诸多具有指导性和方向性的宝贵意见和建议。感谢哈里·蒂默曼斯教授和冯涛老师在出行者行为理论与相关研究方法方面对我的指导,感谢我所在的南京航空航天大学软科学民航科研团队,感谢我的工作伙伴朱金福、吴薇薇等老师,为本书的成稿给予了很大帮助。

鉴于笔者的学识与水平,书中难免存在错漏之处,恳请国内外专家、学者和读者朋友指正(lj_ppx@ nuaa. edu. cn)!

陆 婧

2019 年 7 月

目 录

第1章　绪　　论

1.1　研究背景

1.1.1　选题背景

随着经济快速发展、居民收入稳步增加和“城市化”进程的加快，我国民航运输需求自2005年以来增长迅速，2018年全国航空旅客运输总量达6.12亿人次，13年间年均增长12.1%[1]。为满足和拉动民航运输需求，“十一五”和“十二五”期间，我国在民航基础设施建设方面已投资6884.5亿元，共新建机场60座，改扩建机场113座。截至2018年年底，我国共有颁证运输机场235个，运输机场直线100km半径范围内覆盖地级市超过90%[2]。

伴随机场数量的增加、机场规模的均衡化以及机场属地化改革的实施，我国“环渤海”“长三角”和“珠三角”等地区逐渐形成了“多机场区域”[3]。区域内市场竞争激烈，各机场只有不断提升服务质量并提供多元化服务模式才能吸引更多的腹地客源[4]。同时高速铁路、城际快速铁路等其他替代交通方式的快速发展，使机场在面临民航系统内部竞争的同时还要面对大量来自外部的竞争压力。由于高速铁路具有办票手续简便、候车时间短等优势，机场必须设法缩短集疏运时间才能与其抗衡。所以，一些机场不再局限于“航空运输节点”的定位，而是从“综合运输枢纽”的角度出发，在完善空侧运输服务的同时大力提升陆侧集疏运系统的服务品质[5]。例如，部分机场开通了直达周边城市的机场长途巴士[6]。这一新型集疏运方式为机场所在城市以外的乘客提供了便利，增加了机场与腹地城市间的紧密度，是提高机场在腹地内市场份额的有效措施[7]。

当机场长途巴士开通后，区域内乘客将重新判断各备选机场的效用，然后再进行机场选择决策[8]。由于大多数乘客是有限理性的[9]，他们依据认知效用进行决策，而认知过程受机场选择习惯的影响[10]。当外界环境不变时，选择习惯引导乘客持续选择同一机场[11]。但是，当更优质的备选机场出现时，选择习惯可能发生改变[12]。习惯的改变导致认知效用的变化，继而引起乘客机场选择的转变[13]。

由于习惯改变需要较长时间[14]，乘客在一段时间内选择优质机场的可能性将逐渐提高[15]。

乘客机场选择的变化打破了区域内原有的市场平衡，使各机场的市场份额逐渐改变[16]。对于提供“机场长途巴士”服务的机场来说，其份额会在市场平衡被打破后逐渐上升，并在下一个市场平衡形成时回归平稳[17]。我们将两次均衡状态间的时间段定义为培育期。由于培育期内市场份额的增幅决定了机场长途巴士最终的实施效果，市场份额的增速决定了机场占领市场的速度[18]，因此，有必要将培育期与市场平稳期区分开，研究如何制订培育期内的运营计划来提高市场份额的增幅和增速。

机场长途巴士的运营计划主要包括线网布设、票价制定和时刻表设计三个方面[19]。一般来说，机场长途巴士的线网较为简单且固定，同时巴士票价多为成本价格，降价可能性小[20]，所以优化发车时刻表是最为可行的提高培育期内市场份额增幅和增速的方法。因为培育期内的时刻表不仅需满足乘客需求，还要促进需求增长，带动需求增加[21]，这与平稳期内时刻表的优化思路不完全一致；同时，机场长途巴士服务的特殊性要求在时刻表优化过程中考虑巴士与机场空侧集疏运系统之间的关系[22]，这增加了优化的复杂程度。因此，我们需要找到适用于培育期内机场长途巴士时刻表设计的优化思路和方法。

1.1.2 选题意义

培育期内机场长途巴士时刻表的优化问题是基于行为模拟的多目标动态优化问题，其优化过程包含模拟机场选择行为的各个环节，涉及机场选择习惯和机票价格的动态演变，具有复杂的反馈和衔接关系。其数据搜集时间长，计算工作量大，是跨学科的综合性研究课题，为机场长途巴士的实际操作、机场的运营管理和其他新商品/服务的市场营销管理提供了新的思路，并且具有广泛的应用价值。

(1)机场精细化管理的需要

培育期作为任何新服务/商品投入市场后所必经的运营阶段，是提升市场占有率的关键时期[23]。在普通商品的市场营销管理中，销售者已经意识到培育期的重要，并在培育期内推出各式促销手段来吸引顾客，以缩短培育市场所需的时间[24]。但是在现有的机场长途巴士运营管理中，培育期内的时刻表与市场平稳期并无差别。这种粗放型管理模式使机场无法利用这一关键时期最大化机场长途巴士的实施效果，同时浪费了大量运营成本[25]。而事实上，由于机场长途巴士所提供的服务具有不可储存的特性[26]，因此，管理者更应在运营初期就细化管理，针对培育期内特殊的需求形态制订合理的时刻表,使机场长途巴士所提供的服务资源得到充分利用。

(2)机场提升竞争力的需要

培育期是培养乘客机场选择习惯的重要时期,在培育期内设置合理的时刻表可以使乘客快速感知机场长途巴士的优势并转变机场选择习惯,因此,可迅速提高机场在短期内的竞争力[27]。同时,合理的时刻表使乘客在养成新习惯的过程中增加对机场(提供机场长途巴士服务的机场)的偏好程度。乘客对机场的偏好程度越强烈,就越难再次被其他机场吸引而改变机场选择[28]。这意味着其他机场需要耗费更高的成本、更长的时间才能使区域内乘客重新改变机场选择[29]。因此,合理的时刻表不仅可以提升短期内机场的竞争力,还能对乘客形成潜在的持续性影响,保证机场在长期内的竞争水平。

(3)机场提高综合交通运输网络运行效率的需要

2005—2018 年,我国航空旅客运输周转量在综合交通运输体系中的比重提升 19.3 个百分点,机场已经成为综合交通运输网络中的重要节点[2]。在机场的日常运营中,陆侧集疏运系统承担机场与各腹地城市间的旅客集散,是支撑空侧集疏运系统正常运转的重要体系[30]。机场长途巴士是陆侧集疏运系统中衔接机场与周边城市的新型交通方式,合理设计其时刻表可以实现巴士时刻与航班时刻的无缝衔接,在提升周边乘客对机场服务满意度的同时,加快机场乘客的集散速度,缓解机场地面交通拥堵,提高区域内综合交通运输体系的运转效率。

(4)理论意义

由于机场长途巴士时刻表不仅要满足培育期内乘客的需求,还需引导乘客形成新的机场选择习惯,促进市场份额的增长。因此,在优化中需从单个乘客机场选择行为和选择习惯的变化入手来模拟培育期内市场份额的演变,同时考虑时刻表、机票价格、机场选择行为、机场选择习惯和市场份额之间复杂的反馈关系。由于模拟过程包括机场选择决策的各个环节,每个环节以及对各环节的集成都需要大量数据、相关理论和模拟方法的支撑,这使整个模拟系统的构建较为困难,同时较大的模拟规模也增加了难度。

在构建模拟系统的基础上,还需构建机场长途巴士时刻表优化模型。模型包含多个优化目标,并需考虑运营成本、航班时刻、航线网络等多重约束[31]。由于优化模型的基础为大规模行为模拟系统,优化中的乘客需求数据不是简单的连续型静态数据,而是复杂的离散型动态数据。因此,求解时除需处理约束条件外,还要处理优化模型和模拟系统之间的反馈,这导致整个模型的求解具有相当的时间和空间复杂度。

1.2 国内外研究现状

1.2.1 时刻表优化方法

目前,有关机场长途巴士时刻表优化的文献较少,大多数文献集中在研究公交巴士、普通长途巴士和轨道交通时刻表的优化方法上。

按研究中考虑的乘客需求形态不同,可将现有优化方法分为确定需求下的时刻表优化方法和变动需求下的时刻表优化方法。

(1)确定需求下的时刻表优化方法

该类方法在乘客需求固定且已知的情况下优化时刻表,满足所有乘客需求的同时最大化企业或社会总效益。

如:孙芙灵在确定各站点上下车乘客人数的基础上,以旅客出行费用和铁路企业运营成本最小为目标优化城际列车的运营时刻表,得到列车首末发时间和发车频率[32]。刘志刚和申金升构建公交时刻表与车辆调度模型间的双层优化模型,以乘客总换乘时间最短和车辆总空驶时间最短为目标构建时刻表优化模型,得到乘客满意度最高、运营成本最低的公交时刻表[33]。毛志宏和牛惠民选取城市公交线网中单条线路,在考虑车辆运行效率和乘客需求的基础上优化公交时刻表,得到能满足现有需求同时最小化公交运营成本的时刻表优化方案[34]。NASRI A 等基于城市内地铁的日均需求数据,以最小化地铁耗电量为目标优化单条地铁线路的时刻表,优化结果可满足需求的同时最小化地铁线路的能源消耗[35]。JIN Q 等将公交时刻表设计分为首发车时刻优化、发车间隔优化和发车班次优化三个子问题,通过求解优化模型得到符合实际需求的公交时刻表[36]。FLEURENT C 等将时刻表优化与公交车队调度结合起来考虑,并设计适用于公交时刻表设计的优化算法,得到公交线网的时刻表优化方案[37]。

以上文献的分析结果显示:合理的时刻表需同时满足乘客需求和企业对控制成本的要求,因此机场长途巴士时刻表的优化也需考虑这两方面目标。但是,上述文献中的乘客需求为固定值,这虽然简化了模型的构建和求解,却不能完全反映客观实际。因此,一部分学者考虑了乘客需求的不确定性对时刻表优化的影响。

(2)不确定需求下的时刻表优化方法

由于现实生活中乘客的出行具有随机性,因此,应依据乘客需求的波动来构建时刻表优化模型。如:孙杨等在假设乘客随机到达的基础上进行了公交时刻表的鲁棒性优化,并将优化结果与固定需求下求得的时刻表进行比较,得出优化后的时刻表具有更强的抗干扰能力,更符合乘客的需求[38]。YANG L 等设计了单条线路上的火车时刻表,在优化模型中将线路中各站点的上下旅客数设为模糊值,结果显示优化后的时刻表能够满足乘客的实际需求,同时也减少了运营成本[39]。CORDNE R和 REDAELLI F 在考虑高峰期和非高峰期铁路客流量不同的基础上,构建列车时刻表优化模型,优化结果显示,在时刻表优化模型中考虑乘客在一天需求的波动,可以提高乘客对列车运营的满意度[40]。宋瑞等基于乘客需求的随机变动,对公交时刻表和车队规模进行联合优化,模型综合考虑了企业的经济效益与乘客的满意度,优化结果具有较高的实用性[41]。

以上文献主要考虑的是一天内需求的随机波动对时刻表优化的影响,“机场长途巴士”作为机场的喂给交通方式,其需求受到航空需求的影响,在一天内也会出现高峰时段和非高峰时段。因此,其时刻表的设计需要考虑乘客需求的随机波动。

(3)供给不确定性下的时刻表设计

除需求方面存在的不确定性以外,巴士运营本身也存在一定的不确定性,并且这种不确定性对时刻表的制订存在影响[42]。因此,一些文献考虑了供给方面可能存在的不确定性对时刻表设计的影响。由于巴士/列车主要存在运行时长的不确定性,吉婉欣等考虑了公交准时化对时刻表设计的影响,得出公交的可靠性是决定时刻表中发车频率的重要因素[43]。SHIGHARA I 等基于公交巴士的实时位置和公交车辆走行时间的不确定性构建了时刻表优化模型,优化后的时刻表可供乘客实时选择出发时刻并缩短在车站的候车时长[44]。SUN L 等在考虑地铁运行时间不确定的基础上,针对高峰期和非高峰期的不同客流设计了不同的时刻表,优化后的时刻表引导部分高峰期乘客转移至非高峰期出行,减少了拥堵,并提高了乘客的满意度[45]。刘环宇在分析影响公交系统可靠性因素的基础上,选取 3 个可靠度作为约束条件,构建基于可靠性的公交时刻表优化模型,结果显示优化后的时刻表可提高公交的可靠性,并增加公共交通的吸引力[46]。

以上研究指出巴士/列车走行时间的可靠性对乘客的满意程度有较大影响[47],并可能影响乘客出行行为,因此在时刻表设计中应充分考虑走行时间可靠性与乘客需求之间的关系[48]。

上述研究基于短期内(大多为一天内)乘客的需求来优化巴士/列车的时刻表。而另一些学者在研究中强调了长期内乘客需求的变化对时刻表优化的重要性[49]。如:ALEANDERSSON G 等通过研究瑞士 8 年间当地巴士服务企业之间的竞争,指出应在考虑需求长期变化的基础上设计巴士容量、时刻表和巴士票价[50]。

1.2.2 机场选择决策

乘客对"机场长途巴士"的需求是一种派生航空出行需求，因此受机场选择行为的影响。目前有关机场选择行为的文献集中于研究多机场区域内影响乘客机场选择行为的因素以及构建乘客机场选择决策模型两部分内容。

多机场区域最初被定义为拥有多个机场的大型城市，该城市的年航空出行量在1000万人次以上。之后，多机场区域的概念不断扩张。目前普遍认为某区域内乘客在航空出行时拥有2个或2个以上备选机场，该区域即为多机场区域。因此，多机场区域可能是一座城市，也可能是包含多个城市的某一地区。

(1)都市型多机场区域中机场选择行为

已有的关于多机场区域内乘客机场选择行为的研究中，大多数以大都市圈的航空出行为背景，并基于大量数据分析和离散选择模型对该区域内乘客的机场选择行为进行建模。国外学者在该领域的研究内容与方法如表1-1所示。

大都市圈内乘客的机场选择行为研究情况 表1-1

作　者	方　法	研究环境
SKINNERR E	多项 Logit	华盛顿哥伦比亚特区
AUGUSTINES J G 和 DEMAKOPOULOS S A	多项 Logit	纽约
ISHII J	多项 Logit	旧金山
INNES J D 和 DOUCETD H	二项 Logit	加拿大新不伦瑞克省
WINDLE 和 DRESNER	多项 Logit	华盛顿哥伦比亚特区
BASAR G 和 BHAT C A	多项 Logit	旧金山
ISHII J 和 JUN S	条件 Logit	旧金山

其中，SKINNER R E 研究了地面集疏运系统和航班频率对机场选择的影响，指出地面集疏运是影响乘客机场选择的最重要因素[51]。AUGUSTINES J G 和 DEMAKOPOULOS S A以纽约市乘客的机场选择行为为例分析了机票价格对乘客机场选择行为的影响[52]。ISHII J 等研究了机场—航空公司联合选择行为，指出乘客对于机场的选择其实是对机场—航空公司组合的权衡[53]。COHAS F J 等利用统计分析的方法从长期的角度分析在机场地面集疏运系统不变的情况下，航空公司航线布设变化对乘客机场选择的影响，其用历史数据分析了乘客选择行为的变化，同时拉长了研究的时间范围[54]。BASAR G 和 BHAT C A 利用两阶段离散选择模型分析了乘客的机场选择行为，得出两阶段离散选择模型得出的结果拥有更好

的拟合效果[55]。

以上文献通过离散选择建模给出了影响乘客机场选择的因素[56]，如：航线数量、航班频率、飞机类型、机票价格、地面集疏运服务水平、机场环境、机场拥挤程度等。这些结论为机场的运营管理提供了参考。

(2)地区型多机场区域中机场选择行为

随着多机场系统概念范围的延伸，很多跨城市边界的多机场区域受到了学者的重视，该类研究主要集中于分析区域内机场的市场占有率。如：SUZUKI Y 等研究了美国艾奥瓦州中心地区乘客的机场选择行为，作者利用两阶段的巢式 Logit 模型联合分析了乘客对机场和航空公司组合的选择，使得到的计算结果具有更高的拟合效果[57]。MARCUCCI E 和 GATTA V 以意大利中心地区乘客机场选择行为为研究背景，利用混合 Logit 模型分析了区域内乘客对于各机场不同营销策略的反应[58]。赵凤彩和吴彦丽研究了多机场区域内机场吞吐量的分布，指出航班频率和机票价格是影响机场吞吐量的主要因素[59]。

另外，一些学者研究了中小型城市内乘客的机场选择行为，这些中小城市一般临近大都市，市内居民除了可以利用本城市的机场出行，也可以将周边较大机场纳入选择的范围，因而形成了一种特殊的多机场系统。在这样的系统中，中小型城市内的乘客不选择本地机场，而利用周边其他大型机场的行为叫作乘客溢出现象。SUZUKI Y 等分析了某机场客源损失严重的问题，指出当地居民考虑到航线的通达程度和机票的价格，更愿意选择周边的大型机场出行，而相比之下，休闲出行乘客比商务出行乘客更容易放弃当地机场[60]。

对于无机场城市的乘客来说，他们需从周边的多个机场中选择一个机场出行，因此，该类城市是地区型多机场系统的一部分。INNES J D 和 DOUCET D H 在1990 年对加拿大新不伦瑞克省地区一些小型城市内乘客的机场选择行为进行了研究，分析了区域内机场的服务水平与地理位置等对乘客选择行为的影响，结果显示乘客对飞机的类型和前往机场所需时间较为敏感[7]。

以上关于机场选择行为的研究指出，机场地面集疏运的服务水平对乘客机场选择行为的影响很大。因此，优化机场长途巴士时刻表以提高机场的地面集疏运服务水平则显得十分必要。

1.2.3 乘客机场选择习惯

上一小节总结的文献主要是研究外部环境对乘客机场选择行为的影响，另一方面，乘客的出行经验也对其选择行为存在影响。如：SUZUKI Y 等利用多项 Logit 模型对中小型城市中乘客的机场选择行为进行建模分析，结果指出乘客更倾向于选择那些曾让他们有良好出行体验的机场[61]。基于以上研究,该作者在2007年利用巢式Logit模型分析了出行经验影响下乘客的机场选择行为,分析结果指出出行经验决定了乘客主观上的可选机场范围,对其选择行为有长时间持续影响[62]。WOOD W和NEAL D T同样分析了出行经验对乘客机场选择的影响,并指出随着出行经验的不断累积,乘客会形成机场选择习惯[63]。AARTS H等研究了机场选择习惯对选择行为的影响,他们的研究结果指出选择习惯改变了乘客对机场的主观评价,引导乘客持续选择同一机场出行,这说明习惯可以改变乘客对客观事实的认知[64]。

一些学者在相关领域针对乘客出行方式选择习惯和路径选择习惯展开深入研究。其中GARLING T和AXHAUSEN K W针对乘客出行方式选择习惯的形成和变化展开研究,结果显示乘客在连续的出行中累积经验从而形成选择习惯,但是当外界环境变化时,他们也会在计算得失的基础上改变习惯[65]。KLOCKNER C A和MATTHIES E研究了连续4周内出行者在日常生活中对出行方式的选择,结果显示出行方式选择习惯与乘客的选择标准相关,这一相关关系对乘客的选择决策有较大影响[66]。BAMBERG S等基于计划行为理论分析了习惯影响下的出行方式选择,建模分析结果指出,习惯在乘客长时间多次出行中逐渐形成,因此,需在研究出行者长期出行的基础上分析习惯的形成和演变才更有意义[67]。

BOGERS E A等基于出行者出行行为模拟研究了出行者路径选择习惯,结果指出,选择习惯提高了出行者对习惯性选择的信任程度,而降低了对陌生道路的信任感。这种认知上的变化影响了乘客在道路选择上的倾向性,同时作者指出利用模拟方法可以更准确地分析出行者道路选择行为[68]。NAKAYAMA S等模拟了私家车的道路选择行为,他们发现模拟得到的结果比一般的统计数据具有更好的拟合效果,同时结果指出道路选择习惯具有衰减的特性[69]。BEN E E基于累积前景理论模拟了出行者道路选择行为,模拟结果指出习惯改变了出行者对车辆在不同道路上走行时间可靠性的认知[70]。HIRAGUCHI R在分析出行者一次出行的基础上,将出行者前、后次出行联系起来,模拟出行者逐渐形成出行方式选择习惯的过程[71]。

另外,JAGER W等基于对品牌选择习惯转变的分析指出,新的替代品可提供的效用将决定购买者品牌选择习惯变化的幅度和速度[72]。WEBB T L等通过分析出行方式选择习惯的转变得出,原有的习惯强度将影响出行者习惯变化的速度[73]。

以上关于习惯影响下选择行为的研究明确了习惯将影响乘客对客观事实的认知,而习惯的形成和改变过程体现在乘客的多次出行中。此外,这些学者指出应设计适当的模拟方法来分析习惯影响下乘客的选择行为,因为模拟方法包含乘客在实际选择过程中的各个环节,比一般的数据统计得到的结果更有说服力。

1.2.4　已有研究存在的问题

目前有关时刻表优化方面的研究存在如下四点局限性。

(1)缺乏时刻表与需求间反馈关系的研究

乘客的乘车需求在现有的大多数文献中被设定为固定值或是带有不确定性的可观测值,且这种不确定性来自于优化系统外部(如乘客需求的随机性)。由此可见,现有优化模型中的乘客需求是静态数据。但是,时刻表决定了巴士/列车的实际效用,对乘客需求存在影响,同时乘客需求是优化时刻表的基础,因此,乘客需求与时刻表之间存在反馈关系。如果不考虑这一反馈关系,优化模型中的乘客需求可能被放大或缩小,导致优化得到的时刻表浪费了资源或不能满足实际需求。

(2)忽视时刻表对需求的拉动作用

在现有文献中,时刻表优化模型的目标大多为满足乘客需求并降低运营成本。可以看出,模型构建思路只是单纯满足乘客的需求,没有考虑如何诱生乘客需求。导致这一现象的主要原因:一方面是模型中缺乏时刻表与需求间的反馈机制,另一方面是缺乏对乘客行为的深入分析。这使优化得到的时刻表仅能满足现有需求,却不能挖掘乘客的潜在需求。

(3)缺乏对优化时间区间的细分

现有文献主要基于短期内(一天内)乘客的需求设计巴士/列车时刻表。文献中的时刻表设计方法适用于长期内乘客需求较为稳定的情况,即一天内的需求可代表长期需求的总体水平。但在某些时段内,如市场培养期,乘客需求的变化幅度较大,一天的需求或日平均需求都不能代表培育期内需求的真实形态。如果利用现有的优化方法来优化培育期内的时刻表,将导致优化结果无法满足乘客需求,因此,需依据需求在各个时期的变化对时间区间进行细分,并分别制订合理的优化方法。

(4)缺乏优化方法与模拟方法的集成

现有文献指出利用模拟方法能全面分析出行者的出行行为,反映出行者本身属性对其出行行为的影响,并能刻画出行行为在长期内的变化,因此,模拟得到的出行需求更符合实际。但现有的时刻表优化模型大多以统计数据为优化基础,没有实现优化方法与模拟方法的结合,使基于模拟方法的需求预测模型不能应用于优化方法中,导致优化后的时刻表无法应用于实际操作中。

1.3 本书的研究内容

在已有研究的基础上,本书在模拟机场长途巴士开通后市场份额随时间演变的过程,利用时刻表、机票价格与市场份额间的互动关系,以最大化培育期内市场份额增幅与增速、最小化运营成本为目标,动态优化培育期内机场长途巴士单条线路以及整个网络的时刻表。具体优化过程分为如下三个阶段。

(1)培育期内市场份额演变过程模拟

在这一阶段,本书首先分析影响乘客机场选择行为的因素,并在此基础上分析时刻表、机场选择习惯和机场市场份额之间的反馈关系,设计方法模拟机场长途巴士开通后乘客机场选择行为和选择习惯的同步变化过程,得到培育期内乘客需求的变化以及机场市场份额的演变。模拟方法以累积前景理论为基础,包含需求生成、机场选择决策、习惯衰减等多个环节。

(2)针对单条线路的培育期内时刻表动态优化

基于第一阶段中提出的模拟方法,本阶段针对机场与单个城市间的机场长途巴士服务,以培育期最短、市场份额增幅最大和运营成本最低为多重目标,建立培育期内时刻表动态优化模型。模型分为优化部分和模拟部分,并设计了两部分之间的反馈机制。由于模型较为复杂,本书基于 NSGA-Ⅱ(带精英策略的非支配排序遗传算法)设计启发式算法对模型进行求解。

(3)网络时刻表动态优化

在第一、第二阶段研究的基础上,本阶段针对机场与多个城市之间的机场长途巴士网络构建培育期内时刻表动态优化模型。由于城市节点增多,需求基数增大,因此,该阶段我们考虑了机场长途巴士引起的机场客流增加对机票价格的影响,以及机票价格变化对培育期内乘客需求的影响。在优化过程中,通过分析多种影响机票价格的因素,本书在该阶段的模型中加入了机票定价模型。

1.4 主要创新点

(1)提出模拟机场市场份额在新服务开始后演变的方法

基于累积前景理论和遗忘理论,建立习惯影响下机场选择决策模型和习惯衰减模型,提出模拟培育期内市场份额演变的方法。该方法能把乘客的有限理性具体化,进而刻画选择习惯对主观认知的影响以及选择习惯在多次出行过程中的累积变化。模拟方法把机场长途巴士的实施效果由静态的断面数据转变为随时间连续变化的动态数据，揭示了时刻表与市场份额间的互动关系，为动态优化时刻表奠定了基础。

(2)提出培育期内时刻表优化的新方法

基于培育期内市场需求累积变化的特点，提出培育期内的时刻表不能只是单向满足乘客需求，还要基于时刻表与市场份额间的互动关系，随乘客选择习惯强度和选择行为的变化，不断调整机场长途巴士的客观效用，引导乘客快速改变选择习惯并形成强烈的选择偏好，从而加大市场份额的增速与增幅。与传统的时刻表优化方法相比，该方法将培育期与平稳期区分开，为新商品/服务投入市场初期的运营方案的制订提供了新思路。

(3)建立基于离散数据的机场长途巴士时刻表动态优化模型

在模拟市场份额演变的基础上，建立培育期内机场长途巴士时刻表动态优化模型。模型将描述个体行为变化的离散数据转变为可用于优化的连续数据，构建起优化方法与模拟方法之间的反馈机制，得到适用于需求长期大幅波动下的巴士时刻表设计方法。此外，由于同时兼顾了机场长途巴士与航班间衔接关系以及企业的运营成本，优化得到的结果在满足、拉动乘客需求的同时，也最大化机场长途巴士的运营效益。

(4)建立考虑“空—地”协同的时刻表优化模型

在考虑时刻表与乘客需求间互动关系的基础上，新建预售期内机票定价模型，刻画了机票价格与乘客需求间的相互影响，并以机票价格、乘客需求、时刻表三者之间的互动关系为基础，优化机场长途巴士的线网时刻表。该模型全面描述了机场空侧和陆侧集疏运系统间的互动关系，实现了“空—地”协同优化。优化的时刻表不仅可以在短期内提升机场的竞争力，还能对乘客形成潜在的持续性影响，长期保证机场竞争力。

第2章 培育期内市场份额演变过程模拟

在多机场区域中,机场可通过提供更优质的陆向集疏运服务来提高市场占有率[74],例如开通机场长途巴士、增设城市候机楼等。这些新服务可以增加机场的服务水平,引起区域中乘客机场选择行为的变化[75],继而导致区域内机场市场份额的变化[76]。但是,这种变化不是即时发生的,因为在原有习惯的影响下,乘客不会立刻改变选择行为,而是逐渐倾向于选择效用较大的方案[77]。因此,实施新服务后,机场的市场份额需经过一段培育期后才能达到预期的目标[78]。由于培育期的长短决定着投入—产出效果,因此,研究习惯影响下的乘客改变选择行为的过程,对提高机场的投资效益意义重大。

本章首先描述影响习惯转变的因素以及习惯转变的过程,提出基于前景理论的模拟方法,模拟乘客机场选择行为的变化过程;然后以南京禄口国际机场(以下简称“禄口机场”)开通到无锡市的机场长途巴士为例,模拟机场长途巴士开通后,无锡市乘客的机场选择行为的变化,最终得到禄口机场在无锡市的市场份额在培育期内逐渐增长的过程。

2.1 问题描述

分析开通机场长途巴士后,机场市场份额随时间演变的趋势,我们须研究具有选择习惯的单个乘客的机场选择行为。假设城市 C 周边有 A、B 两座国际机场,它们到 C 市的距离相同,A 机场在 C 市有较大的市场份额,并拥有较多偏好 A 机场的乘客。

为争夺客源,B 机场开通机场长途巴士,提升了服务水平,从而导致 C 市乘客 e 的机场选择行为逐渐发生变化。这种选择行为变化体现在乘客 e 的连续多次的机场选择过程中,因此,需要先研究乘客 e 的单次机场选择过程,再分析前次选择对后续选择的影响。

我们以 C 市的乘客 e 为例分析其在习惯影响下的单次机场选择过程。图 2-1 中的 1 ~ 4 号框表示乘客 e 的 4 次机场选择过程。1 号框显示乘客 e 在 2007 年 3 月 23 日乘机出行时偏好 A 机场,选择 A 机场的习惯强度用黑色框表示。他当日的机场选择过程可分为以下五个环节。

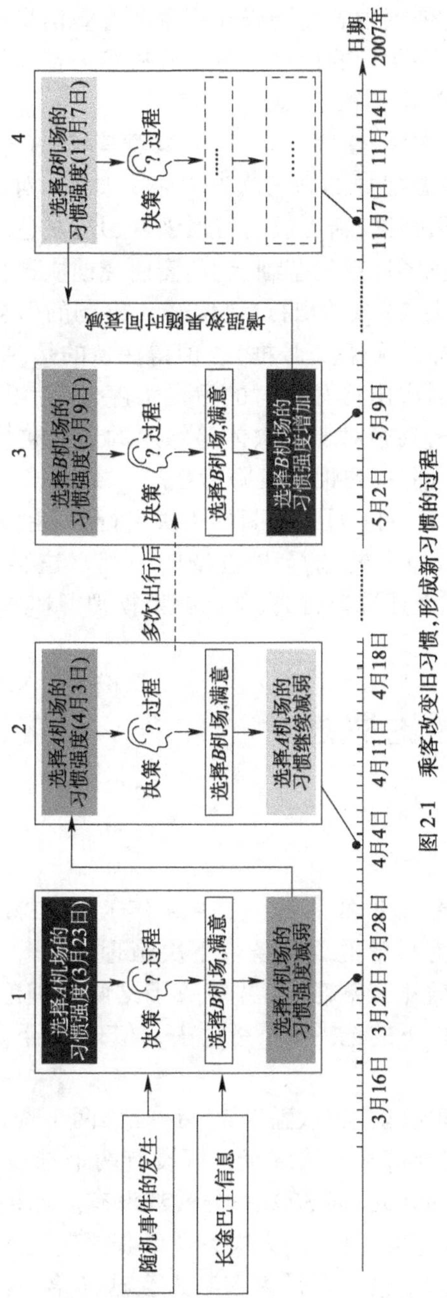

图 2-1　乘客改变旧习惯，形成新习惯的过程

①客观信息获取：获取 A、B 机场的相关信息。

②客观信息主观化：依据主观经验修改获得的客观信息。

③选择决策：依据主观化后的信息对各备选机场进行评估，选择他认为效用最大的机场。

④使用选择的机场：选择、使用 B 机场，并满意其提供的服务。

⑤体验结果反馈：在 B 机场的满意体验增加了乘客 e 对 B 机场的偏好，减弱了乘客 e 选择 A 机场的习惯强度，新形成的习惯强度用浅灰色表示。

在分析乘客的单次机场选择的基础上，还需研究前次选择对后续选择的影响。图 2-1 中，乘客 e 经历 3 月 23 日的出行后，偏好 A 机场的习惯减弱，新的习惯强度直接影响其4 月 3 日的机场选择(2 号框)。值得注意的是，乘客 e 在前一次出行结束时的习惯强度不等于后次出行开始时的习惯强度，因为习惯强度会随时间自然衰减，两次出行相距越长，乘客对上一次体验结果的记忆越模糊，如果相隔时间足够长，乘客的记忆会完全消失，习惯强度降为 0。

乘客 e 经历 3 月 22 日—11 月 7 日间的 4 次出行后，由偏好 A 机场转变为偏好 B 机场，且逐渐形成较为稳定的选择 B 机场的习惯。这种转变过程如图 2-1 中 1 ~4号框图所示，为模拟上述选择行为，下面提出模拟习惯影响下的乘客机场选择行为变化的方法。

2.2 累积前景理论概述

2.2.1 前景理论

前景理论是累积前景理论的前身，是 1979 年 KAHNEMAN D 和 TVERSKY A 提出的基于心理学和行为科学的风险条件下决策理论[79]。该理论完善了原有的传统经济学理论和期望效用函数理论，并解决了这两种理论不能解释的现象[80]。这些现象存在于风险条件下的选择决策行为中，可归纳如下。

(1)确定效应

确定效应是指在“确定能获得收益”和“赌一把”两个选择中，大多数人会选择第一种，这种现象用传统经济学无法解释。假设有两个选项：一是 100% 能够获取 700 元；二是 70% 获得 2000 元，而 30% 一分钱都没有。如果用传统经济学来判断决策者行为，那么应该选择第二种，因为决策者可获得期望收益为 1400 元，是第一种选择可获得期望收益的 2 倍。但是大多数人会选择第一种，因为人们总是偏好选择确定的、没有任何变数的选项。

(2)反射效应

反射效应是指在“确定损失”和“赌一把”之间,大多数人会选择后者。与确定效应类似,反射效应刻画了决策者面对可能的损失时会有的决策倾向。假设有两个选项:一是一定会损失 700 元;二是 70% 损失 2000 元,而 30% 没有任何损失。那么大多数决策者会选择第二种。因为当决策者已经处于损失状态时,都不甘心已有的损失,甘愿冒更大的风险来寻求更小的损失。

(3)损失规避

损失规避是指“获得 100 元”带来的正效用和“损失 100 元”带来的负效用不能相互抵消。在一般情况下,人们对损失和收益的敏感程度不同,面对损失的痛苦要大于收益的快乐。假设有一个赌局:50% 的可能性获得 100 元;50% 的可能性损失 100 元。那么你愿不愿意参与赌局?实验结果显示,大多数人不愿意参与赌局。虽然获得收益和损失的概率是相同的,但是 100 元损失带来的挫败感超过了想要获得 100 元收入的快乐。因此,大部分决策者宁可没有收益,也不愿意冒风险再次投资。

(4)小概率事件

小概率事件是指基本不可能发生的事情。但在生活中,人们对小概率事件极其偏好,如购买保险和购买彩票。购买保险是人们在规避可能的小概率损失,购买彩票是人们在追求小概率收益。这种情况说明,人们在面对小概率事件时,他们对待风险的态度与对待普通事件时的态度相矛盾,即非常乐于追求小概率的大收益,同时又想规避小概率的大损失。这证明了人们并不是真正的风险厌恶,而是对损失厌恶。

(5)参照依赖

KAHNEMAN D 做了如下实验:有两种选择,一是你的同伴每年挣 7 万元,你每年挣 8 万元;二是你的同伴每年挣 9 万,而你每年挣 8 万。实验结果表明大多数人选择了前者,这说明嫉妒与攀比是人们挣钱的动力之一,也说明了人们对得失的判断来自于比较。在传统经济学中,金钱的效用是绝对的,但是事实上金钱的效用是相对的。以上实验表明人们对于得失的判断与参考点相关,所以说决策者不注重绝对的得失,而是注重比较过后的相对得失。

基于以上现象,KAHNEMAN D 从心理学角度出发,展开风险下决策行为的研究,提出了前景理论。在前景理论中,风险决策过程分为编辑和评价两阶段。在编辑阶段,决策者凭借“框架”“参照点”等采集和处理信息。在评价阶段,决策者依赖价值函数和主观概率权重函数计算各备选方案的前景值,并选择前景值最大的备选方案。其中,价值函数有三个特征:①决策者在面临收益时,依据风险规避原则决策；②决策者在面临损失时，依据风险偏爱原则决策；③决策者对损失比对收益敏感。因此，决策者在面临收益时不愿冒风险，而面对损失时易于冒险。依据前景理论可按如下步骤模拟乘客的机场选择决策过程。[81]

①计算前往各候选机场所需的广义费用的主观认知值；

②根据"参考点"计算选择各候选机场带来的"收益"或"损失"；

③根据价值函数和概率权重函数，比较各候选机场的前景值，并选择数值最大的机场。

前景理论的数学模型如式(2-1)所示。

$$U = \sum_{i=1}^{n} w(p_i) V(x_i) \tag{2-1}$$

式中：U——采取各种决策可获得的期望总效用；

x_i——可能出现的 i 种结果；

p_i——x_i发生的概率；

$V(x_i)$——价值函数；

$w(p_i)$——概率权重函数。

价值函数的形态如图 2-2 所示，图中价值函数穿过参考点，并呈现 S 形，表明了决策者面对损失时风险追求，而面对收益时风险规避。

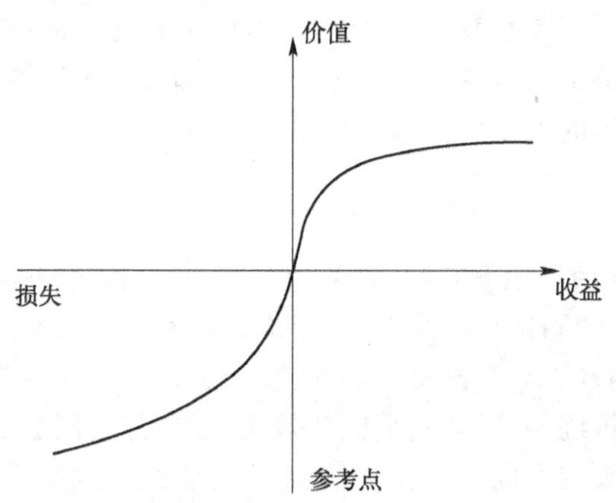

图 2-2　前景理论价值函数曲线

2.2.2　累积前景理论

在前景理论的基础上，TVERSKY A 和 KAHNEMAN D 提出了累积前景理论[82]。与前景理论相比，累积前景理论的权重函数发生了变化，可以表述连续概率分布函数，比前景理论的应用范围更广[83]。累积前景理论用概率权重函数替代权重函数，其数学表达式如式(2-2)所示。概率权重函数的形态如图2-3所示。

$$U(p) = \int_{-\infty}^{0} V(x) \frac{\mathrm{d}}{\mathrm{d}x}\left\{w[F(x)]\right\}\mathrm{d}x + \int_{0}^{\infty} V(x) \frac{\mathrm{d}}{\mathrm{d}x}\left\{-w[1-F(x)]\right\}\mathrm{d}x \tag{2-2}$$

式中：$F(x)$——累积概率。

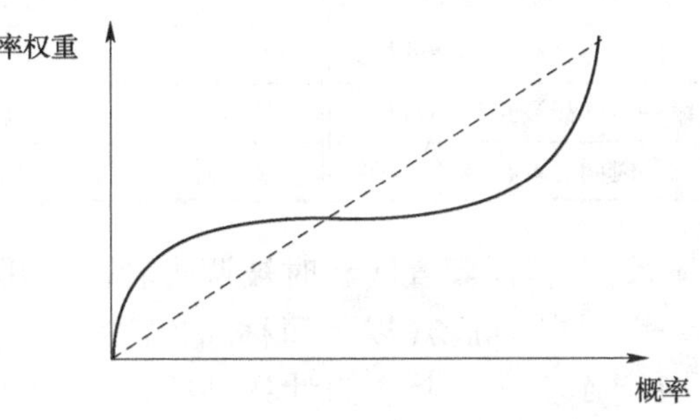

图2-3　累积前景理论的概率权重函数

累积前景理论与前景理论的区别在于，累积前景理论将各种可能发生的概率进行排序得到排序后的累积概率，这样避免了放大所有小概率事件重要程度的可能，可以重点关注小概率大收益或大损失的事件。

2.3　模拟方法设计

基于前景理论的模拟方法分为五个阶段：①乘客原有习惯强度计量；②客观信息主观化过程模拟；③乘客机场选择决策模拟；④乘客使用机场的体验结果反馈模拟；⑤乘客选择习惯的传递模拟。以上五部分按照图2-4所示的顺序连接成一体。

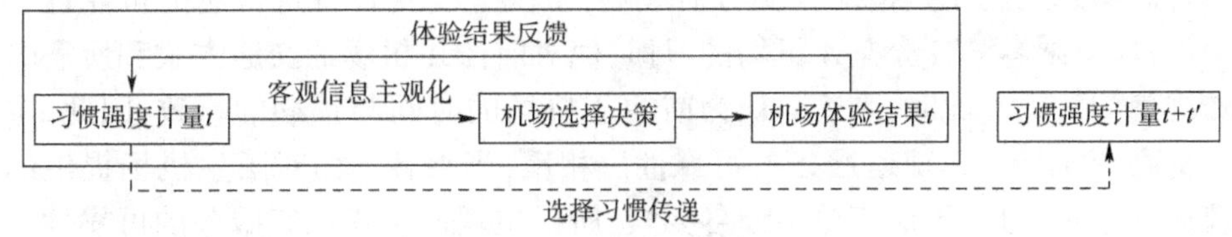

图2-4　模拟方法流程图

2.3.1　原有选择习惯强度计量

为全面衡量乘客的机场选择习惯，我们结合“回忆—自述频率法”和“自述习惯强度法”构建习惯强度计量体系[84]（表2-1），体系中的指标由三部分指标构成：第一部分(指标1~指标4)计量乘客选择机场时的无意识性;第二部分(指标5)计量乘客选择某一机场的频率;第三部分(指标6~指标8)计量乘客对机场的满意程度。

习惯强度衡量指标体系 表2-1

指标序号	指　　标	指标序号	指　　标
1	商务/公务出行时第一时间想要选择的机场	5	使用频率最高的机场
2	私人事务出行时第一时间想要选择的机场	6	认为最可靠的机场
3	国内旅行时第一时间想要选择的机场	7	服务最佳的机场
4	国际旅行时第一时间想要选择的机场	8	地面集疏运服务最好的机场

基于以上指标体系,在填写调查问卷时被调查者需选用“-1,0,1”为指标赋值。“-1”表示上海浦东国际机场(以下简称“浦东机场”),“1”表示禄口机场,“0”表示在填写时没有想到任何机场。为计算机场长途巴士开通前乘客的机场选择习惯强度,在调查时被调查者需回忆机场长途巴士开通前他们的机场选择倾向,以及当时认知的前往两个机场所需陆上走行时间的分布。

n_{re}为0-1变量,如果乘客e在第r天乘机出行,则$n_{re}=1$;否则$n_{re}=0$。同时设定机场长途巴士开通前乘客e的初始习惯强度h_{re}($r=1$),计算方法如式(2-3)所示。

$$h_{re} = h = \sum_{q=1}^{Q} \frac{y_q}{Q}, \quad r = 1 \tag{2-3}$$

式中:y_q——习惯强度评价体系中第q项指标的值;

Q——指标的数量。

2.3.2 客观信息主观化

客观信息主观化是指乘客受习惯影响,主观上改变各备选机场的可靠性。具体来说,如果乘客e有选择A机场的习惯,他对前往A机场的交通方式和所需时间有较准确的认识。此时,乘客e认为前往A机场的时间与预期的一致,因此,主观上会提高A机场的集疏运服务的可靠性。相反,当乘客e面对陌生机场提供的新集疏运服务时,由于不能充分估计各要素,所以主观上会降低新服务的可靠性。我们通过调查乘客主观认知的巴士走行时间的分布规律,可得到乘客将客观信息主观化后的结果。

T_{rie}为第r天乘客e感知的前往机场i的走行时间分布,拥有不同h_{re}的乘客所感知的T_{rie}不相同。具体方法如式(2-4)所示。

$$T_{rie}(t_{riej}, p_{riej}) = T_{ih}(t_{ihj}, p_{ihj}), \quad h_{re} = h \tag{2-4}$$

式中：t_{riej}——乘客 e 感知的第 j 种可能的前往机场 i 的所需时间；

p_{riej}——对应的概率值。

2.3.3 机场选择决策模拟

根据主观化信息选择机场的行为可抽象为风险决策问题，可以用前景理论来处理。

(1)广义费用的主观感知值计算

广义费用的主观感知值是前景理论的基础，这里将乘客感知的前往机场所需的时间成本定义为广义费用的主观感知值，简称感知费用。航空出行时，如果乘客晚于某一时刻到达机场，就无法完成出行，从而蒙受损失。但是，如果乘客早于预计时间到达机场，则等待时间会增加。因此，乘客的感知费用由三部分组成：前往机场时间费用、前往机场费用和机票费用。其中前往机场时间费用包括：陆上在途费用、延误费用和额外候机费用。陆上在途费用是指乘客从出发地到机场的陆上交通的时间成本；延误费用是指乘客到达机场的时间晚于最晚允许办理登机手续时刻而产生的时间成本损失；额外候机费用是指乘客到达机场过早而损失的时间成本。感知费用可用式(2-5)计算。

$$c_{riej} = \rho_1 \cdot [\theta^{\mathrm{T}} \cdot t_{riej} + \theta^{\mathrm{W}}(T_{rie} - t_{riej}^{\mathrm{D}} - t_{riej} - T) \cdot (1-\eta) + \theta^{\mathrm{L}} \cdot \eta] + \rho_2 \cdot P_i + \rho_3 \cdot P_{rie} \tag{2-5}$$

式中：θ^{T}，θ^{W} 和 θ^{L}——单位时间成本；

t_{riej}^{D}——乘客 e 第 r 天前往机场 i 的第 j 种可能的出发时刻，其决策过程如式(2-7)所示；

P_i——前往机场 i 的费用；

P_{rie}——第 r 天乘客 e 选择机场 i 出发所乘坐航班的月均价格；

ρ_1、ρ_2 和 ρ_3——前往机场时间费用、前往机场费用和机票费用分别占总感知费用的比例；

T——办理登机手续所需的最短时间；

η——0-1 变量。旅客提前到达机场，$\eta=1$，产生的是额外候机费用；若产生了延误，$\eta=0$，此时没有额外候机费用。

$$\eta = \begin{cases} 1, & T_{rie} - t_{riej}^{\mathrm{D}} - t_{riej} < T \\ 0, & T_{rie} - t_{riej}^{\mathrm{D}} - t_{riej} \geqslant T \end{cases} \tag{2-6}$$

$$t_{riej}^{\mathrm{D}} = \max(t), \ t \in \left\{ t \mid T_{rie} - t \cdot x_{rit} - t_{riej} \geqslant T \,\&\, t \cdot x_{rit} \neq 0 \,\&\, n_{re} = 1 \right\} \tag{2-7}$$

式中：x_{rit}——第 r 天乘客在 t 时刻选择机场 i 出行。

(2)参照点选择与损失和收益的计算

参照点是乘客判断损失和收益的基准。设乘客期望的去机场的走行时间为 T_e，能够接受的候机时长为 W_e，则乘客期望的感知费用 c_e 如式(2-8)所示。乘客要以 c_e 为参考点，比较各备选机场的感知费用 c_{riej} 与期望费用 c_e 来判断损失和收益。当 $c_{riej} \leqslant c_e$ 时，获得收益，反之获得损失。

$$c_e = \theta^{T} T_e + \theta^{W} W_e \tag{2-8}$$

(3)价值函数构建

根据 KAHNEMAN D 的研究，在确定参考点后，可构建各备选机场的价值函数，如式(2-9)所示。KAHNEMAN D 的研究表明，当 $\alpha = \beta = 0.88$，$\lambda = 2.55$ 时，由该函数计算得到的价值与经验数据较为一致[82]。

$$V(x_{riej}) = \begin{cases} {x_{riej}}^{\alpha} & x_{riej} \geqslant 0 \\ -\lambda(-x_{riej})^{\beta} & x_{riej} < 0 \end{cases} \tag{2-9}$$

式中：α,β——风险态度系数，均小于等于1，表示乘客的风险敏感度递减；

λ——损失规避系数，大于1表示乘客对损失的敏感性高。

$$x_{riej} = c_{riej} - c_e \tag{2-10}$$

式中：x_{riej}——相对费用。

(4)概率权重函数确定

概率权重函数的计算方法如式(2-11)和式(2-14)所示，前者计算乘客获得收益时的权重函数，后者计算乘客产生损失时的权重函数。参数 γ 和 δ 决定权重函数的曲率，对应的值越小，则权重函数的弯曲程度越大。根据 KAHNEMAN D 的标定，一般取 $\gamma = 0.61$，$\delta = 0.69$。n 表示正的状态，m 表示负的状态。

$$w^{+}(p) = \frac{p^{\gamma}}{[p^{\gamma} + (1-p)^{\gamma}]^{\frac{1}{\gamma}}} \tag{2-11}$$

$$\pi_{riej}^{+} = w^{+}(p_{riej} + \cdots + p_{rien}) - w^{+}(p_{rie,j+1} + \cdots + p_{rien}),\ 0 \leqslant j \leqslant n \tag{2-12}$$

$$w^{-}(p) = \frac{p^{\delta}}{[p^{\delta} + (1-p)^{\delta}]^{\frac{1}{\delta}}} \tag{2-13}$$

$$\pi_{riej}^{-} = w^{-}(p_{rie,-m} + \cdots + p_{riej}) - w^{-}(p_{rie,-m} + \cdots + p_{rie,j-1}),\ -m \leqslant j \leqslant 0 \tag{2-14}$$

式中：p——乘客感知的前往机场所需时间的概率分布；

p_{rien}——乘客 e 在第 r 天选择机场 i 出行的第 n 种正的状态（收益）的概率值；

π_{riej}^{+}——收益的概率权重函数；

π^-_{riej}——损失的概率权重函数。

(5)机场的前景值计算

设 S 为状态集,其元素表示可能发生的事件,也就是前往机场所需时间的各种可能性,X 为结果集,其元素表示每个事件所对应的结果(即损失或收益),f 为状态集 S 到结果集 X 的映射,表示可能的前景。乘客选择机场 i 可能获得的前景值 PS_{rie} 的计算方法如式(2-15)所示[18]。乘客 e 选择 PS_{rie} 最大的机场出行。

$$PS_{rie} = \sum_{j=1}^{n} V^+(x_{riej}) \cdot \pi^+_{riej} + \sum_{j=-m}^{0} V^-(x_{riej}) \cdot \pi^-_{riej} \tag{2-15}$$

2.3.4　体验结果反馈模拟和习惯强度衰减模拟

乘客在机场获得的实际效用会改变他对机场的认知,改变他对机场的偏好强度,并影响他的选择习惯。当乘客完成第 r 天的出行后,会得到体验效用 U_{rie},找到与 U_{rie} 相等的 PS_{ih} 对应的习惯强度 h,确定乘客 e 当天完成出行后的调整后的习惯强度 h'_{re},如式(2-16)所示。

$$h'_{re} = h\ ,\ h \in \left\{h \mid PS_{ih} = U_{rie}\right\} \tag{2-16}$$

由于习惯强度的衰减是由乘客的记忆遗忘引起的,因此,在模拟习惯强度衰减时可借鉴有关遗忘的研究[86]。心理学家艾宾浩斯发现遗忘在学习后立即开始,且进程不均匀,最初遗忘速度快,之后逐渐变慢[87]。他认为"遗忘是时间的函数",基于他的研究,我们提出计量习惯强度衰减的方法,如式(2-17)所示[88]。

$$h_{r+l,e} = h'_{re} \cdot e^{-al} \tag{2-17}$$

式中:$h_{r+l,e}$——距第 r 天出行 l 天后的习惯强度;

a——待定系数。

2.4　实例分析

无锡市位于长三角地区,居民年航空出行量约为 11.2 万人次,居民的航空出行多利用浦东机场和禄口机场。无锡市距离两座机场分别为 176km 和 160km。

浦东机场建成时间早,服务质量优良。因此,2006 年前,浦东机场在无锡市的市场份额一直保持在 75% 以上。为增加在无锡市的市场占有率,禄口机场于 2006 年开通到无锡市的直达巴士,之后禄口机场在无锡市的市场份额缓慢波动上升,至 2010 年达到 58%。为揭示禄口机场在无锡市的市场份额逐渐上升的过程,首先模拟无锡市乘客的机场选择行为的变化过程。

考虑到 2011 年 6 月"京沪高铁"开通后,长三角地区航空出行需求随之产生的变化,以及“虹桥机场—高铁站”联运对禄口机场市场份额产生的影响,这里我们截取2006—2010年期间的有关乘客机场选择行为的数据和市场份额演变数据,来单纯地分析机场长途巴士对机场市场份额的影响。

2.4.1 机场选择行为模拟

我们搜集了禄口机场和虹桥机场的航线、航班信息,无锡市与浦东机场间各交通方式的信息和“禄口机场—无锡市”的机场巴士信息。其中,“禄口机场—无锡市”机场巴士的运营时刻为7:00、9:00、12:00、14:00和16:00,走行时间为2.5h,走行时间的波动幅度(Δ)在15min之内。

其次,我们在2010年针对无锡市乘客的航空出行属性(目的地、频率、去机场的交通方式等)进行了调查,调查时向乘客发放问卷3000份,回收2500份。统计发现,被调查乘客的62%利用公共交通前往机场,由于这部分乘客最有可能因开通机场巴士而改变机场选择行为,因此,我们依据第4章提出的模拟方法,按图2-1所示的步骤模拟这部分乘客机场选择行为的变化过程。

(1)计量2005年时乘客的选择习惯强度

为计量无锡市乘客2006年时选择机场的习惯,我们进一步在无锡市实施乘客问卷调查。由调查数据可知,2006年无锡市有13.1%的乘客有选择禄口机场的习惯,69.4%的乘客有选择浦东机场的习惯,17.5%的乘客没有选择习惯。有选择浦东机场习惯的乘客的选择习惯强度如图2-5所示,可以看出乘客选择浦东机场的习惯强度在0.3~0.6之间。

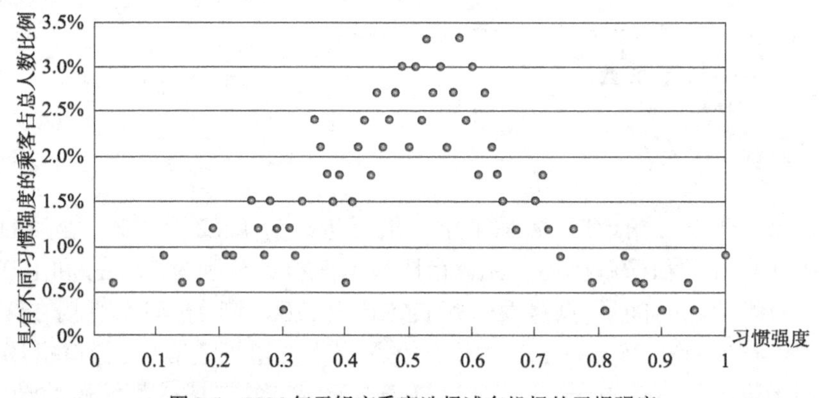

图2-5 2006年无锡市乘客选择浦东机场的习惯强度

(2)客观信息主观化

为模拟乘客将客观信息转化为主观信息的过程,我们分别调查了有选择浦东机场和禄口机场习惯的乘客所认知的“禄口机场—无锡市”机场巴士走行时间的分布规律,得到图 2-6。图中虚线为机场巴士实际走行时间的分布规律,实线为乘客认知的分布规律。H_P和 H_L分别为乘客选择浦东机场和禄口机场的习惯强度。图 2-6a)中,各条分布曲线下方峰值左侧的面积表示乘客认知的机场巴士走行时间小于 2.5h 的概率(P_e),右侧表示大于 2.5h 的概率(P_l)。可以看出,随着 H_P增加,P_e逐渐减小,而 P_l逐渐增大,且分布曲线越来越平坦。这说明乘客选择浦东机场的习惯强度越大,他越认为禄口机场的机场巴士的走行时间会大于 2.5h,并越认为走行时间的可靠性低。当 H_P增加至 0.86 时,乘客认为禄口机场的机场巴士的走行时间一定大于 2.5h。同理,由图 2-6b)可知,乘客选择禄口机场的习惯强度越大,他越认为禄口机场巴士的走行时间会小于 2.5h,并越认为走行时间的可靠性高。

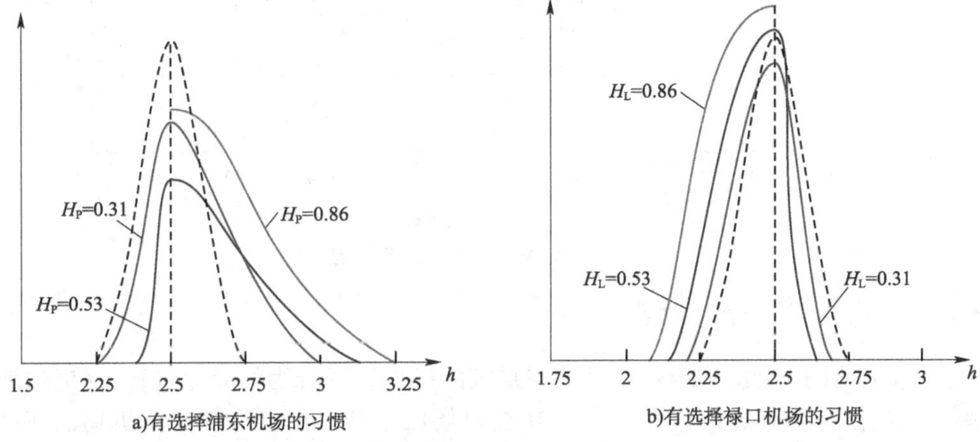

图 2-6　有选择习惯的乘客认知的禄口机场巴士的走行时间的分布情况

上面的分析表明,客观存在与主观认知之间存在差异。客观信息主观化就是将图中黑色虚线表示的实际走行时间的分布规律,转换成其他线条所表示的主观认知的分布规律。后面的“乘客选择决策”中,使用的是这种主观化的时间分布规律,而不是实际的走行时间的分布规律。

(3)机场选择决策及体验结果反馈模拟

在计量乘客选择习惯强度和客观信息主观化的基础上,利用 2.3.4 节所描述的方法可进行乘客机场选择决策和机场体验结果反馈过程的模拟。

(4)习惯强度衰减的模拟

习惯强度在前一次出行完成后至下一次出行开始前这段时间内会逐渐衰减,通过跟踪同一乘客连续的航空出行可以得到这种衰减规律[89]。但是,由于无法长期跟踪某一特定的乘客,因此,首先调查诸多出行频率不同的乘客所有的选择习惯强度,然后统计得到习惯强度与航空出行间隔之间的关系(图 2-7),再将该关系式转化为乘客习惯强度的衰减规律[90]。由图 2-7 可以看出,乘客的习惯强度在前 30 天内由 100% 衰减至 60%，衰减速度很快；从第 30 天开始衰减放缓，在第 180 天时降为 0。在 95% 的置信度下拟合这些数据，得知习惯强度衰减函数中 $a=0.019$，$R^2=0.812$。

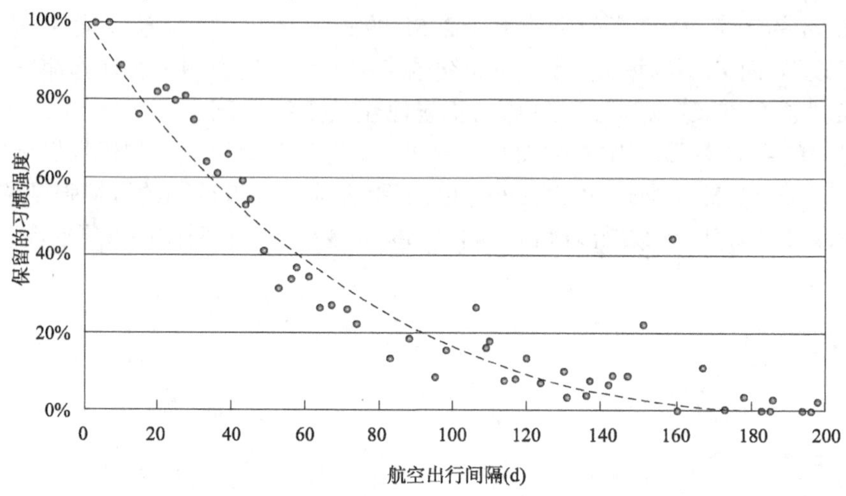

图 2-7　乘客选择习惯强度衰减曲线

2.4.2　机场选择行为模拟

我们模拟了无锡市 2500 名被调查乘客的机场选择行为的变化过程，这里选取乘客 M 的模拟结果进行分析。乘客 M 在机场巴士开通前有选择浦东机场的习惯（$H_p=0.52$），并在 2006 年 6 月 8 日得知禄口机场有机场巴士的信息。通过模拟分析得到乘客 M 在 2006 年 6 月—2008 年 2 月之间的机场选择结果，见表 2-2。可以看出，乘客 M 在得知禄口机场有机场巴士的信息后，并不立刻改变选择行为，而是在第 4 次出行时才开始尝试选择禄口机场。在第 4 次至第 8 次出行时，乘客 M 仍会有选择浦东机场出行的行为，直至第 8 次出行后才一直选择禄口机场。这说明乘客 M 形成选择禄口机场的习惯需要 8 个月的时间。

单个乘客（$H_p=0.52$）的机场选择行为的变化过程　表 2-2

出行日期	2006 年				2007 年						2008 年
	6 月 8 日	8 月 8 日	10 月 8 日	12 月 8 日	2 月 8 日	4 月 8 日	6 月 8 日	8 月 8 日	10 月 8 日	12 月 8 日	2 月 8 日
出行编号	第 1 次	第 2 次	第 3 次	第 4 次	第 5 次	第 6 次	第 7 次	第 8 次	第 9 次	第 10 次	第 11 次
选择机场	浦东	浦东	浦东	禄口	浦东	禄口	浦东	禄口	禄口	禄口	禄口

将所有乘客的机场选择汇总就得到禄口机场在无锡市的市场份额的变化情况（图 2-8），可以看出模拟结果与实际数据拟合得较好。

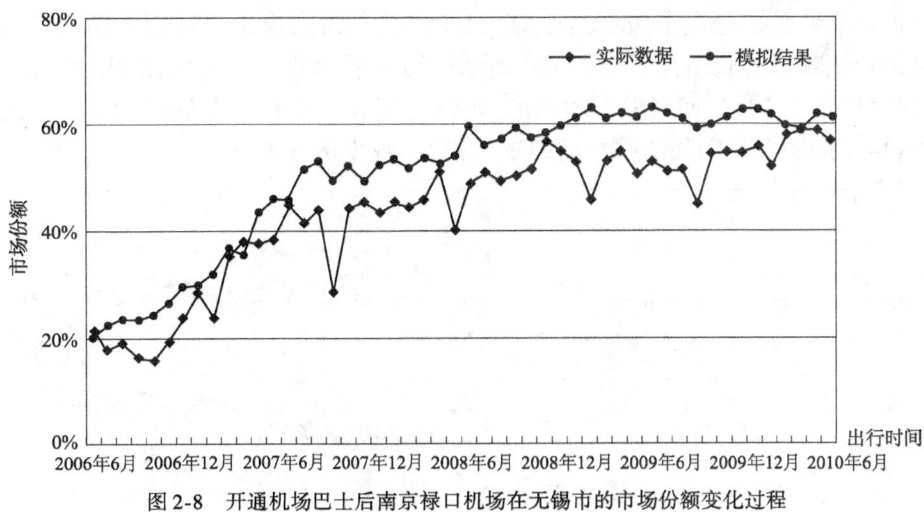

图 2-8　开通机场巴士后南京禄口机场在无锡市的市场份额变化过程

2.4.3　敏感度分析

走行时间可靠性决定着习惯培育期的长短，当机场巴士走行时间的波动幅度（Δ）分别为 5min 和 25min 时，它们对应的市场份额增长曲线如图 2-9 所示。可以看出，当走行时间的波动由 15min 降低到 5min 时，培育期缩短 12%；而当走行时间的波动由 15min 上升到 25min 时，市场占有率一直在 20% 上下波动。这说明将机场巴士走行时间的可靠性维持在一定的水平，才能使其发挥效果，机场的市场占有率才可能逐渐上升。

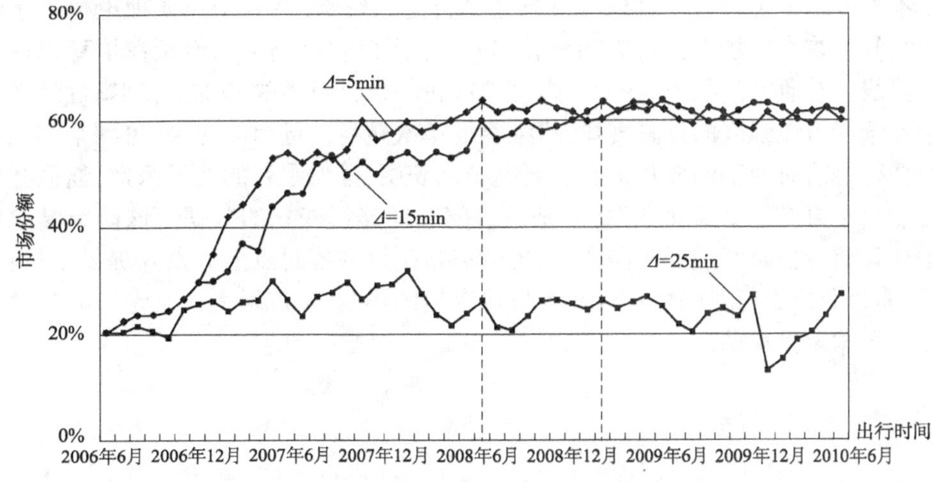

图 2-9　不同走行时间可靠性对应的市场份额增长

假设有两种巴士发车间隔(TH=0.5h 和 TH=4h),模拟得到两种情况下禄口机场的市场份额增长情况,如图2-10所示。可以看出当发车间隔由2h增加至4h时,培育期增加20%;而当发车间隔由2h缩短至0.5h,培育期缩短20%。因此可以说,培育期随发车间隔的减小而缩短,但边际减少量逐渐下降。

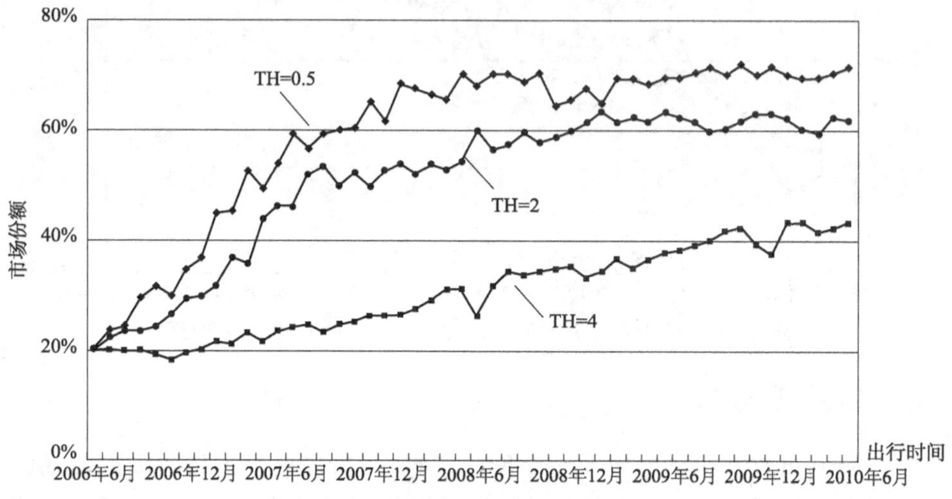

图2-10 不同发车间隔对应的市场份额增长曲线

2.5 本章小结

本章分析了选择习惯对乘客机场选择行为的影响,并基于前景理论模拟了新服务实施后乘客机场选择行为的变化过程,进而得到机场市场份额在培育期内的增长曲线。在研究过程中,在分析乘客单次机场选择行为的基础上,创新性地考虑了乘客选择习惯强度的衰减规律,将乘客的单次航空出行串联起来,得到乘客的机场选择行为沿时间轴的变化情况。研究结果表明,考虑乘客的选择习惯,新服务的实施效果不再是一个断面数据,而是一组随时间连续变化的数据。该研究结果明确了培育期内各时间点上的需求,为运营商精确计划各时点上的投入提供了依据。同时,通过分析走行时间可靠性对市场培育期的影响,发现增大巴士走行时间的可靠性可以缩短培育期。

第3章　培育期内巴士时刻表动态优化设计

通过第2章对选择习惯影响下乘客机场选择行为的模拟，可知乘客会在机场巴士开通后重新判断各备选机场的效用，然后再进行机场选择。而由于大多数决策者是有限理性的，他们依据认知的客观事实进行决策。因此乘客首先将各备选机场的客观效用转化为主观效用，再依据主观效用选择机场，这一转化过程受到机场选择习惯的影响[91]。机场选择习惯是乘客在长期的航空出行中累积形成的一种选择惯性[92]。当外界环境不变时，选择习惯将引导乘客持续选择同一机场。但是当更优质的备选机场出现时，选择习惯可能发生改变[93]。习惯的改变将引起乘客对机场客观效用认知的变化，继而导致其机场选择的转变[94]。由于选择习惯的改变需要较长时间，所以乘客将在一段时间内逐渐改变其机场选择。

乘客机场选择的变化打破了区域内原有的市场平衡，使各机场的市场份额逐渐变化[95]。对于提供巴士服务的机场来说，其份额会在市场平衡被打破后逐渐上升，并在下一个市场平衡状态形成时回归平稳[96]。我们将两次均衡状态间的时间段定义为培育期，由于培育期的长短决定着机场占领市场的速度，培育期内市场份额的增长幅度决定了巴士的效率与效益[97]，因此有必要研究提高市场份额增幅和缩短培育期的方式、方法。

影响培育期长短和市场份额增幅的主要因素是乘客机场选择习惯变化的速度和幅度[98]。由于很难直接改变乘客的机场选择习惯[99]，我们可以通过调整机场客观效用，进而改变乘客机场选择习惯的方法来加速和扩大市场份额的增长。由于巴士提供的是出发地到机场间的空间与时间上的衔接，因此当巴士线路固定时，发车时刻是影响其效用的最主要因素之一[100]。因此，优化培育期内巴士的发车时刻，合理设计巴士时刻表是缩短培育期、提高市场份额增幅的有效措施。

由于乘客的机场选择习惯是在多次出行过程中逐渐变化，前次与后次出行中的习惯相互关联[101]，因此机场在培育期内各时点的市场份额均不同，前一时点的市场份额又影响后一时点的市场份额[102]。为控制整个培育期内市场份额增长的速度和幅度，培育期内各时点的时刻表不仅要满足当时的乘客需求，还要能诱使乘客改变机场选择习惯，进而影响下一时点的乘客需求。因此，需针对整个培育期的不同时点设计不同的巴士时刻表，以加快培育期内机场市场份额的变化。

本章基于时刻表、机场选择习惯和机场市场份额之间的相互关联关系，以机场巴士开通后市场培育期最短、市场份额增长幅度最大和巴士运营成本最低为目标，动态优化培育期内各时点的时刻表。研究中，本章针对有机场选择习惯的乘客，模拟其机场选择习惯的转变过程，并基于模拟结果进行时刻表的动态优化。

3.1 问题描述

假设城市 C 周边有 A、B 两座国际机场，它们到 C 市的距离相同，目前 A 机场在 C 市的市场份额较大，B 机场为提高市场份额开通直达 C 市的机场巴士，A 机场未开通到 C 市的机场巴士。为动态优化培育期内的巴士时刻表，需明确巴士时刻表、乘客机场选择习惯和机场市场份额之间的关系。如图 3-1 所示，在第 0 天 B 机场开通机场巴士时，A 机场在 C 市的市场份额大于 B 机场，箭头①表示巴士服务(表现为发车时刻表)改变了 B 机场的效用，影响了有选择习惯的乘客在第 0 天出行时的机场选择。巴士服务决定着乘客乘坐机场巴士前往机场的出发时间和到达机场后的候机时长，因此时刻表决定了 B 机场客观效用的变化，具体为机场巴士发车越密集，乘客的选择越多，候机时长越短，乘坐巴士的客观效用越大。但是，该客观效用并不直接影响乘客的机场选择，而是转变为乘客的感知效用后才起作用。

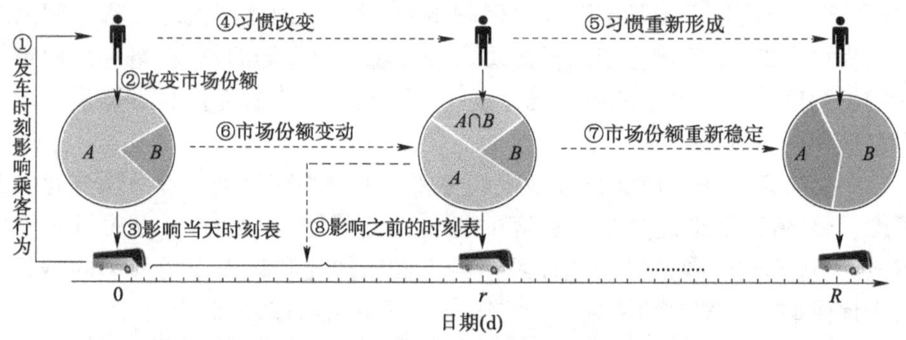

图 3-1　巴士时刻表、乘客机场选择习惯和机场市场份额间关系

感知效用是乘客对客观效用的认知结果，在认知过程中受习惯的影响，客观效用反映到主观上会有所折减，这种折减来源于有选择习惯的乘客易于放大新服务风险的事实。巴士的服务风险来自多方面，例如：行驶安全风险、走行时间不确定、服务质量不稳定等。由于航空出行乘客最重视时间成本，因此巴士走行时间的不确定性被认为是新服务风险中最重要的要素。有选择 A 机场习惯的乘客认知的 B 机场开通的巴士的走行时间往往大于其客观值，因此感知到的 B 机场的巴士服务的效用会小于客观实际。由于感知效用与客观实际之间的差值与乘客的选择习惯

强度有关，因此乘客选择 A 机场的习惯强度越大，其感知到的 B 机场的巴士的效用越小，选择 B 机场的概率也越小。

箭头②表示在巴士的影响下，区域内乘客完成第 0 天出行后，所有乘客的机场选择结果形成了当天 B 机场在 C 市的市场份额。箭头③表示第 0 天 B 机场在 C 市的市场份额对机场巴士当天产出的影响。B 机场在 C 市的市场份额决定着巴士的满载率，影响巴士的效益，因此制订第 0 天的时刻表时，需要预测当天 B 机场的市场份额。

由上述分析可知，巴士时刻表、乘客机场选择习惯和市场份额在某一时点上的关系为：巴士时刻表决定着巴士的客观效用，乘客机场选择习惯决定着乘客的感知效用，机场选择结果形成各机场的市场份额，而市场份额是设计当天巴士时刻表的依据。

开通机场巴士后，巴士时刻表、乘客机场选择习惯和市场份额在培育期（$0 \sim R$ 天）内相互影响，达到平衡的过程如图 3-1 中的虚线箭头所示。其中，箭头④和箭头⑤表示乘客的前次选择结果会影响后续选择，乘客在多次航空出行中逐渐形成新的选择习惯。具体过程为：当乘客完成第 0 天的出行后，首先依据本次出行的实际效用和出行前感知的效用调整选择习惯，之后伴随习惯强度的衰减在下一次（第 r 天）出行时形成新的选择习惯，并在新习惯的影响下完成下一次出行时的机场选择。乘客在多次出行中逐渐改变选择习惯，各次出行时的机场选择行为随着习惯的改变而改变。

箭头⑥和箭头⑦表示随乘客选择习惯的变化，B 机场在 C 市的市场份额逐渐变化直至培育期结束（第 R 天）时达到稳定状态的过程。区域内乘客各次的选择结果形成了当天 B 机场在 C 市的市场份额。随着乘客选择习惯的改变，B 机场的市场份额逐渐变化。当 C 市乘客选择习惯的变化趋于平稳时，B 机场的市场份额不再变化，B 机场完成了在 C 市的市场培育。箭头⑧表示第 r 天 B 机场的市场份额不仅影响当天巴士时刻表的设计，同时影响第 r 天之前每天的巴士时刻表设计。由于第 r 天 B 机场的市场份额是之前乘客选择习惯变化的累计结果，因此第 r 天的市场份额既与当天的巴士时刻表有关，又受之前各巴士时刻表的影响。所以说，为设计培育期内每天的巴士时刻表，不仅要预测当天的市场份额，还需预测未来的市场份额的变化。

由巴士时刻表、乘客机场选择习惯和市场份额之间在同一时点上和在整个培育期内的互动关系，可得到培育期内机场市场份额随着乘客选择习惯变化而变化的过程，而基于动态时刻表的巴士服务可改变乘客选择习惯变化的速度与幅度，进而影响培育期的长短和机场市场份额的增幅。因此，为缩短培育期、最大化市场份额的增幅、降低巴士运营成本,需动态优化培育期内各时点上的巴士时刻表,为此,建立数学模型时,需解决如下三个问题:①模拟习惯影响下的乘客机场选择行为;②明确培育期内不同时点上的机场市场份额之间的相互关系;③明确时刻表与乘客机场选择之间的关系。

3.2 时刻表动态优化模型

3.2.1 模型结构

本节基于习惯影响下的乘客机场选择行为建立培育期内机场长途巴士时刻表动态优化模型,模型同时考虑了行为理论与优化方法。模型包括两个部分:优化部分与模拟部分。模型结构如图 3-2 所示。在优化部分,x_{rt}是决策变量,表示第 r 天的 t 时刻是否有巴士发出,有为 1,否则为 0。简单来说,x_{rt}刻画了机场长途巴士的发车时刻表。在模拟部分,我们通过模拟习惯影响下的机场选择行为来计算机场长途巴士的需求。

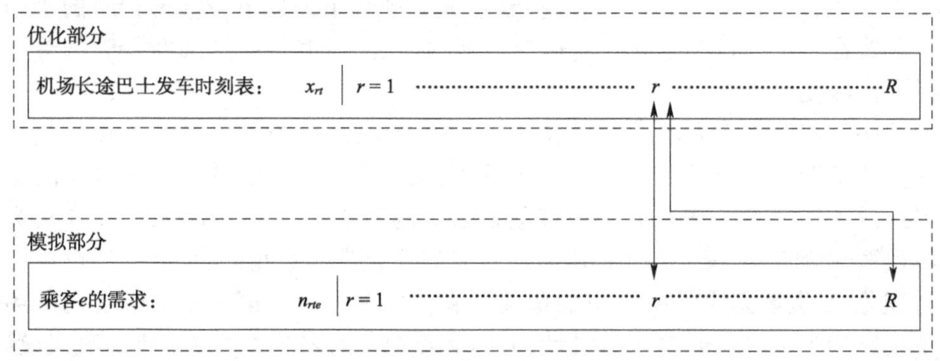

图 3-2 时刻表动态优化模型结构

对于乘客 e 来说,n_{rte}为 0-1 变量,表示第 r 天的 t 时刻发出的机场长途巴士是否被乘客 e 选择,选择为 1,否则为 0;结合所有乘客的 n_{rte},可以得到机场长途巴士的需求。基于时刻表与习惯影响下的机场选择行为之间的关系可知,如果 x_{rt} 发生变化,乘客在培育期中每一天的 n_{rte} 都可能发生变化。所以,在优化时刻表时必须考虑乘客机场选择行为在整个培育期内的变化。

模型的优化目标有三个,分别为:①最小化“机场长途巴士”的运营成本;② 最大化机场的市场份额;③最小化市场培育期。基于累积前景理论模拟,模型的模拟部分得到习惯影响下乘客的机场选择行为。模拟方法分为 6 个模块,每个模块的内容以及各个模块之间的衔接关系如图 3-3 所示。

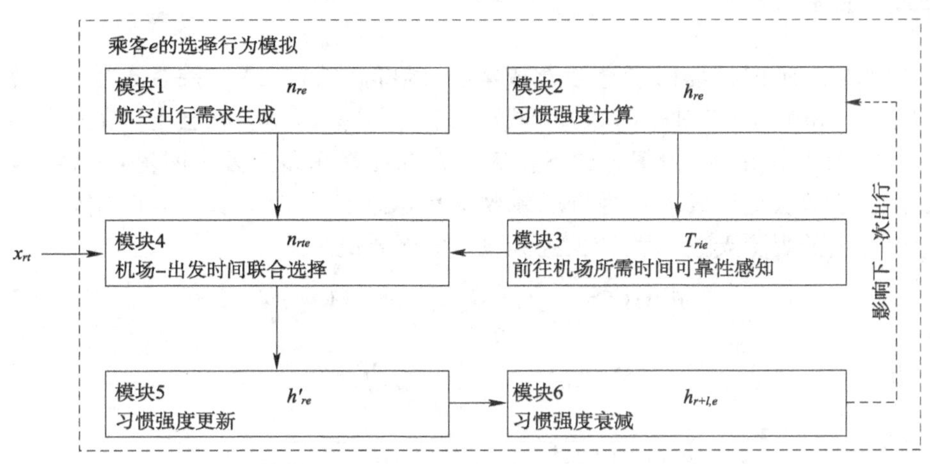

图 3-3　习惯影响下乘客机场选择行为模拟系统

模块 1 为需求生成模块,模块中生成变量 n_{re},表示乘客 e 在第 r 天是否有航空出行,如果出行,$n_{re}=1$;否则为 0。在模拟过程中,根据调查得到的乘客航空出行频率随机确定 n_{re}的值。

模块 2 为习惯强度生成模块,模块中生成变量 h_{re},该变量表示乘客 e 在第 r 天拥有的习惯强度。h_{re}可以通过习惯强度指标体系计算得到,计算中所需数据可以通过调查得到。

模块 3 为走行时间可靠性认知模块,该模块生成变量 T_{rie},表示乘客 e 在第 r 天认知的前往机场 i 所需陆上走行时间的分布。分布的形态与 h_{re}相关,两者之间的相关关系可由统计数据得到。

模块 4 为机场—出行时间联合决策模块,该模块生成变量 n_{rte},该变量是优化时刻表的基础。该模块包含了两个决策模型,一个是基于累积前景理论的机场选择决策模型,另一个是决策前往机场时间的模型。这两个模型需要 3 个外生变量 x_{rt}, n_{re}和 T_{rie}。

模块 5 为习惯强度调整模块,该模块生成变量 h'_{re},表示乘客 e 根据第 r 天的出行经历重新调整得到的习惯强度,调整后的习惯强度与乘客当天在出行中获得的效用相关。

模块 6 为习惯强度衰减模块,该模块生成变量 $h_{r+l,e}$,表示乘客 e 在第 r 天出行后，经过 $r+l$ 天的衰减形成的新的机场选择习惯强度。习惯强度的衰减规律来源于遗忘理论。六个模块构成模拟习惯影响下乘客机场选择行为的系统。

3.2.2 目标函数

本章以 g 天内机场巴士总运营成本(C)最低[式(3-1)]、乘客人数(N)最多[式(3-2)]和市场培养期(T)最短[式(3-3)]为目标构建动态巴士时刻表优化模型。目标函数中相关变量解释如下：r 表示日期；t 表示备选发车时刻；c 为一辆机场长途巴士单次走行成本；v 为折现系数；e 表示乘客；w 是计算一段时期内客流标准差时设定的观测天数；u 为依据经验设定的误差值。

$$\text{Min}:C = \sum_{r=1,\dots,g} \sum_{t} x_{rt} \cdot c \cdot (1-v)^{r} \tag{3-1}$$

$$\text{Max}:N = \sum_{r=1,\dots,g} \sum_{t} \sum_{e} n_{rte} \tag{3-2}$$

$$\text{Min}:R = \left\{ r \,\middle|\, \sqrt{\frac{1}{w}\sum_{r}^{r+w-1} \left(\sum_{t}\sum_{e} n_{r+1,te} - \sum_{t}\sum_{e} n_{rte}\right)^{2}} \leqslant u \right\} \tag{3-3}$$

x_{rt}为模型的决策变量，可以基于 n_{rte}优化得到。n_{rte}可通过模拟方法得到，具体模拟方法见 3.2.3 节。

3.2.3 机场选择行为模拟系统

(1)航空出行需求生成

n_{re}为 0-1 变量，如果乘客 e 在第 r 天乘机出行，$n_{re}=1$；否则 $n_{re}=0$。

(2)习惯强度计算

设定巴士开通前乘客 e 的初始习惯强度 $h_{re}(r=1)$，计算方法见式(3-4)。

$$h_{re} = h = \sum_{q=1}^{Q} \frac{y_q}{Q}, \quad r = 1 \tag{3-4}$$

式中：y_q——习惯强度评价体系中第 q 项指标的值；

Q——指标的数量。

(3)巴士走行时间感知值分布设定

T_{rie}为第 r 天乘客 e 感知的前往机场 i 的走行时间分布，拥有不同 h_{re}的乘客所感知的 T_{rie}不相同。具体计算方法见式(3-5)。

$$T_{rie}(t_{riej}, p_{riej}) = T_{ih}(t_{ihj}, p_{ihj}), \quad h_{re} = h \tag{3-5}$$

式中：t_{riej}——乘客 e 感知的前往机场 i 所需的第 j 种可能的时间；

p_{riej}——对应的概率值。

(4)机场与出发时刻联合决策

本书基于累积前景理论模拟乘客机场和出发时刻的联合决策过程，如式(3-6)～式(3-13)所示。在累积前景理论中，决策者依赖价值函数和主观概率权重函数计算各备选方案的前景值，并选择前景值最大的方案，其中价值函数有三个特征：①决策者在面临收益时，依据风险规避原则决策；②决策者在面临损失时，依据风险偏爱原则决策；③决策者对损失比对收益敏感。依据前景理论，乘客选择机场 i 可能获得的前景值 PS_{rie} 的计算方法见式(3-6)，式中右边的前半部分表示选择机场 i 可能获得的收益，后半部分表示可能获得的损失。

$$PS_{rie} = \sum_{j=1}^{n} V^{+}(x_{riej}) \cdot \pi_{riej}^{+} + \sum_{j=-m}^{0} V^{-}(x_{riej}) \cdot \pi_{riej}^{-} \tag{3-6}$$

这里以收益的计算过程为例进行介绍。乘客可能获得的收益由价值函数 $V^{+}(x_{riej})$ 和与其对应的累积概率权重函数 π_{riej}^{+} 相乘得到，其中 x_{riej}[式(3.8)]为感知费用 c_{riej}与期望费用 c_e的差值。感知费用 c_{riej} 可由式(2-5)～式(2-7)计算，期望费用 c_e 可由式(2-8)计算，具体计算过程详见本书第 2.3.3 节。

$$V^{+}(x_{riej}) = {x_{riej}}^{\alpha}, \quad x_{riej} \geqslant 0 \tag{3-7}$$

$$x_{riej} = c_{riej} - c_e \tag{3-8}$$

收益的概率权重函数由式(3-9)和式(2-12)计算。

$$w^{+}(p_{riej}) = \frac{{p_{riej}}^{\gamma}}{[{p_{riej}}^{\gamma} + (1 - p_{riej})^{\gamma}]^{\frac{1}{\gamma}}} \tag{3-9}$$

乘客可能获得损失的计算原理与收益的计算原理相同，但价值函数 $V^{-}(x_{riej})$ 和对应的概率权重函数 $w^{-}(p_{riej})$ 不同，分别如式(3-10)和式(3-11)所示，累积概率权重函数 π_{riej}^{-}如式(2-14)所示。

$$V^{-}(x_{riej}) = -\lambda(-x_{riej})^{\beta}, \quad x_{riej} < 0 \tag{3-10}$$

$$w^{-}(p_{riej}) = \frac{{p_{riej}}^{\delta}}{[{p_{riej}}^{\delta} + (1 - p_{riej})^{\delta}]^{\frac{1}{\delta}}} \tag{3-11}$$

乘客 e 选择 PS_{rie}最大的机场出行。如果机场 i 开通了机场巴士，乘客将从所有可能的出发时刻 t_{riej}^{D} 中选择乘机场巴士出发的时刻 t_{re}^{D}，决策方法如式(3-12)所示。

$$t_{re}^{\mathrm{D}} = t \, , t \in \left\{ t_{riej}^{\mathrm{D}} \mid \max(p_{riej}) \right\} \tag{3-12}$$

当乘客完成机场与出发时刻联合选择决策,即可得到 n_{rte},如果乘客 e 选择 t 时刻发出的巴士,其值为1,否则为0。

$$n_{rte} = \begin{cases} 1, & t_{re}^{\mathrm{D}} = t \cdot x_{rt} \\ 0, & t_{re}^{\mathrm{D}} \neq t \cdot x_{rt} \end{cases} \tag{3-13}$$

(5)习惯强度更新与衰减模拟

为得到培育期内每天的机场市场份额,还需构建乘客前、后两次机场选择间的关系。由于前后两次选择是依靠乘客的习惯强度衔接的,因此需要分析乘客习惯强度在多次机场选择过程中的变化。为此,首先确定乘客完成一次出行后当天习惯强度的变化,见式(3-14);之后确定习惯强度在两次出行间的衰减规律,见式(3-15)。

$$h_{re}' = h \, , h \in \left\{ h \mid PS_{ih} = U_{rie} \right\} \tag{3-14}$$

式(3-15)是基于心理学家艾宾浩斯发现遗忘规律而构建习惯强度的衰减规律[30]。

$$h_{r+l,e} = h_{re}' \cdot e^{-al} \tag{3-15}$$

式中:$h_{r+l,e}$——距第 r 天出行 l 天后的习惯强度;

a——待定系数。

3.3 算法设计

3.3.1 多目标优化求解算法概述

多目标优化算法是针对包含两个或两个以上目标函数的目标优化问题提出的求解算法[103]。多目标优化问题(Multi-objective Optimization Problem, MOP)的解不同于单目标优化问题的唯一解,一般是由一组解组成的。这组解中的每一个解为优化问题的均衡解,每两个解之间不能比较优劣性。如何均衡各个目标函数的重要程度是多目标优化算法中较难的部分。现有的多目标优化算法包括两大类:一是传统优化方法,二是人工智能优化算法。传统优化算法包括:目标加权优化算法、基于目标约束的优化算法与线性规划算法。人工智能优化算法包括:进化算法

(包含遗传算法)、蚁群算法、粒子群算法以及人工免疫算法。

目标加权优化算法和基于目标约束的优化算法将多目标优化问题中的多个目标函数赋予一定的权重并相加,如此将多目标优化问题转换为单目标优化问题,再用单目标优化算法求解。可以看出,传统优化算法的关键在于确定各个目标的权重值,但是由于各目标的重要程度无法依靠简单的方法确定,因此,传统的优化算法转变了多目标优化问题的实质,不能得到多目标问题的均衡解。

考虑到传统优化算法存在种种缺陷,同时由于计算机技术的高速发展,人工智能优化算法被提出,通过进化、迭代、搜索等手段设计求解多目标问题的均衡解。意大利经济学家维弗雷多・帕累托(Vilfredo Pareto)最早提出多目标优化模型,并且引进了帕累托最优解的概念。帕累托最优解也称为非劣最优解,是一种对于多目标解的向量评价方式。其具体的含义为:当解集中的解可以在提高其中一个目标的值而不降低其余任意目标的值时,该解为帕累托最优解,这些解形成的前沿面为帕累托前沿面[104]。

基于帕累托解的定义给出的多目标问题解的评价指标为:宽广性、均匀性、收敛性和多样性。宽广性是为衡量多目标解的分布范围,指标值越大说明解的覆盖范围越好。均匀性是衡量帕累托前沿面上两个解之间的距离,一般可用欧式距离来表示,解分布越均匀,优化效果越好。收敛性是衡量计算过程中解趋近于最优解的程度,收敛性越好,帕累托解越可靠。多样性与均匀性类似,衡量解在前沿面上的分布情况,但多样性指标还衡量了所得解对目标函数的解释情况。

基于以上优化指标和人工智能优化算法,一些学者提出了多目标优化问题的人工智能优化算法,具体分为如下几种。

(1)进化算法

进化算法是以生物进化理论为基础,通过模拟生物进化演变过程形成算法中的操作算子(选择、交叉、变异),并对多目标优化问题进行编码求解。该方法不逆向求解模型,而是利用编码的方法,通过不断迭代和进化逼近最优解。

进化算法的步骤为:对个体进行编码;依据优化目标函数设计适应度函数;依据模型的限制条件确定操作算子;设定算法的终止条件。在求解过程中,个体通过选择、交叉和变异逐渐优化,当满足终止条件时即为最优解。依据方法侧重点的不同,进化算法可分为遗传算法、遗传规划算法、进化策略算法和进化规划算法,其中非支配排序遗传算法是求解多目标优化问题的主流算法。

(2)粒子群算法

粒子群算法通过模拟鸟类飞行和觅食中,个体相互合作最终实现种群最优的过程设计算法流程。粒子群算法分为两类:以全局最优为目标的粒子群算法和以局部最优为目标的粒子群算法。在多目标优化算法中,大多采用以全局最优为目标的粒子群算法。粒子群算法不对个体使用演化算子,而是将个体看作一颗微粒,其在空间内以一定的速度飞行,飞行速度由该粒子本身的飞行经验和其他粒子的飞行经验决定。结合粒子本身和其他粒子飞行过的最佳位置,得到群体最优值。

粒子群算法的具体步骤为:初始化微粒种群;评价个体适应度;将每个微粒经历过的最好位置与其适应度值比较,更新最优位置值;将每一个颗粒与全局最优位置值比较,更新全局最优位置值;变化微粒的速度与位置;判断是否终止。

(3)蚁群算法

蚁群算法是通过模拟蚂蚁觅食机理发展而来的人工智能优化算法。由于蚁群在觅食中会留下信息素,所以当某条路径上的蚁群增多时,该条路径上的信息素增强,这样使得其他蚂蚁重复走这条路去寻找食物。但是信息素会挥发,这使得有新的食物资源出现时,其他蚂蚁不会重复走向旧的食物地址。依照这一原理设计的蚁群算法具有两个特征:一是依据信息素增强设计的正反馈机制,可以使蚁群算法中的个体逐步逼近最优解;二是依据信息素挥发机制设计的分布式优化方法,可以避免局部最优。

(4)人工免疫算法

人工免疫算法是模仿生物免疫系统功能的一种智能方法,提供了类似生物免疫系统的噪声忍耐、无教师学习、自组织、记忆等计划学习机理,为解决复杂的分布式问题提供了新的方案。人工免疫算法将优化问题中待优化的问题对应免疫应答中的抗原,可行解对应抗体(B 细胞),可行解质量对应免疫细胞与抗原的亲和度,如此,可以将优化问题的寻优过程与生物免疫系统识别抗原并实现抗体进化的过程对应起来,将生物免疫应答中的进化链(抗体群→免疫选择→细胞克隆→高频变异→克隆抑制→产生新抗体→新抗体群)抽象为数学上的进化寻优过程,形成智能优化算法。

3.3.2 NSGA-Ⅱ多目标遗传算法概述

非支配排序遗传算法(NSGA)是 SRINIVAS N 和 DEB K 教授针对多目标优化问题提出的遗传算法[105],该算法的目标是基于遗传算法结构求得多目标优化问题的帕累托最优解。但是 NSGA 存在如下缺陷:

①NSGA 的计算复杂度很高。以 m 个优化目标 N 个种群的算例来说,NSGA

的复杂度为 $O(Mn^3)$，由于每一代的种群都需要非支配排序，因此种群扩大增加了难度。

②NSGA 没有精英策略。精英策略可以使算法在运行过程中不容易丢失优质解，没有精英策略使该算法收敛速度减慢。

③NSGA 需要制订共享参数。为保证所得最优解的均匀性和多样性，需要在运算过程中制订共享参数。由于共享参数值难以确定，因此有学者指出需要设计不需要共享参数的方法。

由于 NSGA 存在以上缺点，DEB K 等提出的非支配排序遗传算法（NSGA-Ⅱ）求解模型，在 NSGA 的基础上使用了新的非支配排序方法和精英策略，并提出了拥挤距离的概念，可以计算得到帕累托最优前沿面上非凸区域上的解，并大幅降低计算复杂度。

NSGA-Ⅱ 提出了快速非支配排序方法，与原有的排序方法相比，可将最差情况下的计算复杂度降到 $O(Mn^2)$，快速非支配排序法的核心是将已经排序过的相对最优解移出可对比的解，逐渐减小对比的解的数量，这样能够快速对每一代解进行非支配分层排序。

同时，NSGA-Ⅱ 提出了拥挤距离的概念，具体为在每一个非支配层上，计算个体周围只包含个体本身最大长方形的长度。基于拥挤距离，计算拥挤度比较算子。该算子规定了选择个体的方法：当两个个体处于不同的层级时，选择层级较低的个体；当两个个体处于同一层级时，选择拥挤距离较大的个体。

最后，NSGA-Ⅱ 提出了精英策略，将父代种群与子代种群结合，通过精英策略选择出等同于原始种群个数的新种群。

3.3.3 基于 NSGA-Ⅱ的算法设计

算法设计流程如下所示。

(1)步骤1(初始化 x_{rt})

设 $gen=0$，同时初始化种群：$Pop_0 = \{X_s^0 \mid s = 1,2,\cdots,S\}$，$S$ 为种群中个体数量，X_s^0 为初始种群中第 s 个时刻表设计方案，$X = \{x_{rt} \mid r = 1,2,\cdots,g; 1 \leqslant t \leqslant 24\}$。

(2)步骤2(计算 n_{rte})

①生成乘客 $e=1,2,\cdots,E$；并生成乘客 e 的出行日期 n_{re}。

②设 $r=1$，依据调查数据生成乘客 e 的初始习惯强度 h_{re} 以及感知的时间分布 T_{rie}。

③设 $r=1$,计算 n_{rte} 和 h'_{re} 。

④设 $r=r+1$,计算 $h_{r+1,e}$, 和 $n_{r+1,te}$。

⑤$r=r+2$, $r+3$, …, g。

(3)步骤3(计算 X_s^0 对应的适应度值)

计算初始种群 Pop_0 中每一个个体对应的适应度值。

(4)步骤4(非支配排序以及种群多样性保留)

利用非支配排序方法将初始种群中的每一个个体分配到不同的前沿面上,并计算每一个前沿面上不同个体间的拥挤距离,之后利用拥挤算子将各前沿面上的个体进行排序。

(5)步骤5(选择、交叉、变异)

进行选择、交叉和变异操作。

(6)步骤6(精英策略)

下一代种群须由上父代种群和子代种群共同组成。

(7)步骤7(判断是否停止)

$gen=gen+1$,返回步骤2 直至收敛。

染色体设计是 NSGA-Ⅱ中重要的内容,本书设计的染色体编码分为 k 个部分,各部分表示某一季度机场巴士所执行的时刻表;各部分中的每个基因位表示该季度内机场巴士在某一时刻上是否发车,1 表示发车,0 表示不发车,编码形式如图 3-4所示。

第1季度	第2季度		第 n 季度
0 1 … 0 0	0 1 … 0 0	……	0 1 … 0 0

图 3-4 编码形式

依据目标函数,适应度函数如式(3-16)~式(3-18)所示。其中,w 为计算一段时期内客流标准差时设定的观测无数,u 为依据经验设定的误差值。

$$\text{Min}:F_1 = \sum_{r=1,\cdots,g}\sum_{t} x_{rt}\cdot c\cdot(1-v)^r \tag{3-16}$$

$$\text{Min}:F_2 = -\sum_{r=1,\cdots,g}\sum_{t}\sum_{e} n_{rte} \tag{3-17}$$

$$\text{Min}:F_3 = \left\{ r \,\middle|\, \sqrt{\frac{1}{w}\sum_{r}^{r+w-1}\left(\sum_{t}\sum_{e} n_{r+1,te} - \sum_{t}\sum_{e} n_{rte}\right)^2} \leqslant u \right\} \tag{3-18}$$

NSGA-Ⅱ用拥挤距离来表示同一前沿面上两个解之间的距离,它是拥挤算子的基础。依据 DEB K 等学者的研究,拥挤度计算方法如式(3-19)所示。另外还需设定交叉率 P_{cro} 与变异率 P_{mut}。

$$d(s) = \sum_{b=1}^{B} \left| F_b(s+1) - F_b(s-1) \right| \tag{3-19}$$

式中：$d(s)$——各前沿面上第 s 个算子拥挤度距离；

b——适应度方程的编号。

3.4　实例分析

无锡市位于长三角地区，航空出行多利用浦东机场和禄口机场，无锡市与两座机场间的距离分别为 176km 和 160km。浦东机场建成时间早，服务质量优良，2006 年前，浦东机场在无锡市的市场份额一直保持在 75% 以上。为增加在无锡市的市场占有率，禄口机场于 2006 年 6 月开通直达无锡市的机场巴士。机场巴士开通后，禄口机场在无锡市的市场份额逐步上升（图 3-5）。在现行时刻表下，机场巴士的市场培育期为 29 个月，第 30 个月时，禄口机场在无锡市的市场份额达到 57.8%，之后几乎没有变化。

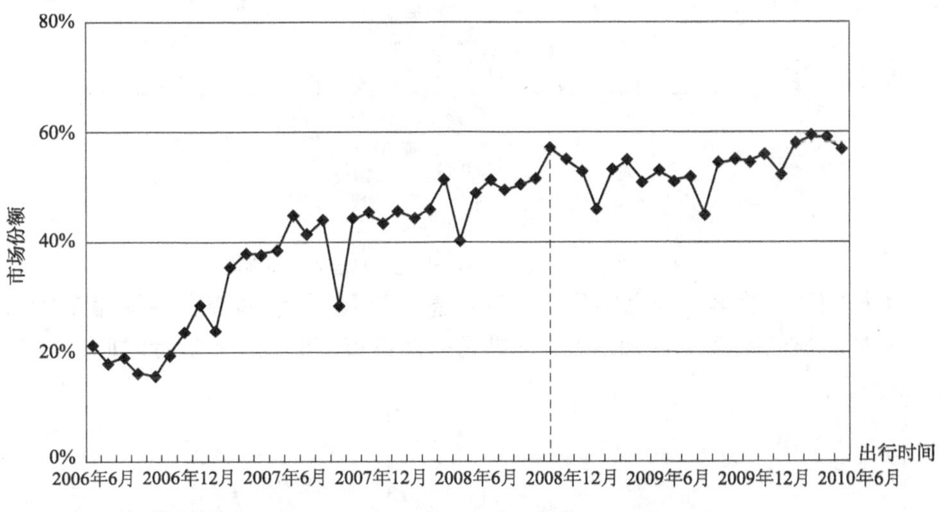

图 3-5　禄口机场在无锡市的市场份额增长的实际过程

3.4.1　数据搜集

为动态优化“禄口机场—无锡市”机场巴士的时刻表，我们做如下数据准备：

首先，搜集禄口机场和浦东机场的航线和航班信息，无锡市到浦东机场各交通方式的信息和“禄口机场—无锡”的机场巴士信息。其中，禄口机场巴士的发车时刻为 7:00、9:00、12:00、14:00 和 16:00，运行时间为 $2.5\text{h} \pm \Delta(\Delta = 15\text{min})$。

其次,调查无锡市乘客的航空出行属性(目的地、频率、去机场的交通方式等)。调查时共向乘客发放问卷3000份,回收问卷2500份。

3.4.2 数据分析

被调查的乘客中,62%的乘客利用公共交通前往机场。为计量机场巴士开通前无锡市乘客选择机场的习惯强度,我们又在无锡市实施了乘客问卷调查,得知机场巴士开通前,无锡市13.1%的乘客有选择禄口机场的习惯,69.4%的乘客有选择浦东机场的习惯,17.5%的乘客没有选择习惯。无锡市乘客选择浦东机场的习惯强度在0.3~0.6之间,如图3-6所示。

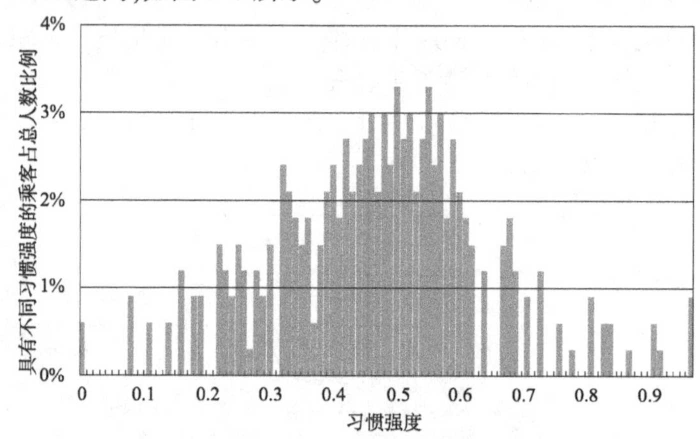

图3-6 2005年无锡市乘客选择浦东机场的习惯强度

为模拟乘客将客观信息转化为主观信息的过程,分别调查有选择浦东机场和禄口机场习惯的乘客所认知的“禄口机场—无锡市”机场巴士走行时间的分布规律,得到图3-7。

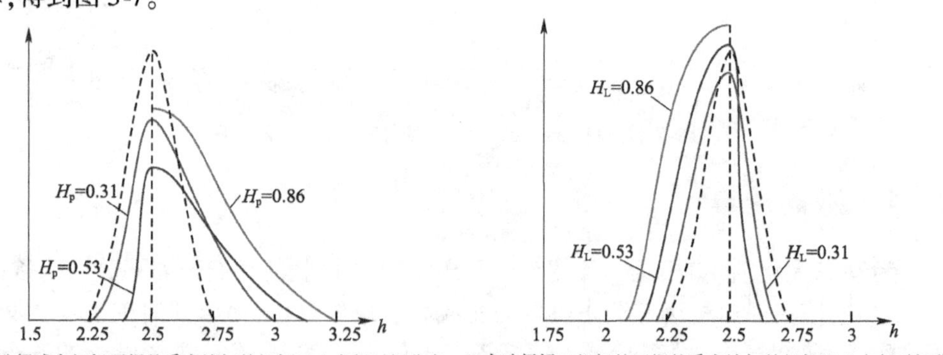

a)有选择浦东机场习惯的乘客认知的机场巴士走行时间分布　b)有选择禄口机场的习惯的乘客认知的机场巴士走行时间分布

图3-7 有选择习惯的乘客认知的禄口机场巴士的走行时间的分布情况

乘客选择决策时用的是这种主观化的时间分布规律,而不是实际的走行时间的分布规律。

3.4.3　参数估计

首先,依据第 2 章参数估计的结果,得到 $a=0.019$。

其次,估计式(2-5)和式(2-8)中的参数(ρ_1, ρ_2, ρ_3)。基于调查数据,我们估计出各部分费用(前往机场时间费用、前往机场费用和机票费用)的重要程度,得到$\rho_1=0.32$, $\rho_2=0.13$, $\rho_3=0.55$。

最后,由于乘客在不同环境中对风险的认知程度不同,因此,基于以上数据估计得到累积前景理论中式(3-7)、(3-10)、(2-14)和(3-12) 中的参数。这些参数值分别为:$\alpha=0.35$, $\beta=0.61$, $\lambda=2.31$, $\gamma=0.67$, $\delta=0.76$。

与 XU H 等学者估计得到的参数($\alpha=0.37$, $\beta=0.59$)[106]相比,我们估计得到的 α 值较小,这说明航空出行乘客在面对可能的收益时,其风险厌恶程度更高;同时,较低的β值代表乘客在面对可能的损失时追求程度较低。与 TVERSKY A 等所估计的 λ 值($\lambda=2.25$)[82]相比,本书估计所得的 λ 值更大,说明乘客对损失的敏感程度更高[107]。

3.4.4　模型求解

基于以上数据,我们对模型进行求解,求解时,设式(3-16)～式(3-18)中 $w=60$, $u=6$, $g=42$。同时设算法中种群数为 50,交叉率 $P_{cro}=0.7$,变异率 $P_{mut}=0.1$。利用 MatLab. Net 2010 进行编码设计,运行计算机配置为 RAM =3.0 GB,运行时长为 123.6min。

基于上一节中提出的优化算法求解模型求得模型帕累托最优前沿面上的解集点,前沿面的具体形态如图 3-8 所示。可以看出,帕累托解集点分布于同一平面内,每一个点对应一个帕累托最优解。这里选取其中一点对应的动态时刻表进行介绍。

时刻表和机场市场份额的增长过程如图 3-9 所示。图中,黑色线表示优化得到的市场份额增长曲线,灰色线表示实际的统计数据;四个饼图分别为各时段(7:00—18:00)的发车时刻表,其中每一个分区表示机场巴士在一天内的备选发车时刻,灰色表示发车,白色为不发车。可以看出,与实际数据相比,优化后的时刻表可使禄口机场的市场培育期缩短 40%(1 年),同时使巴士在前 42 个月的运营成本减少 23.6%。

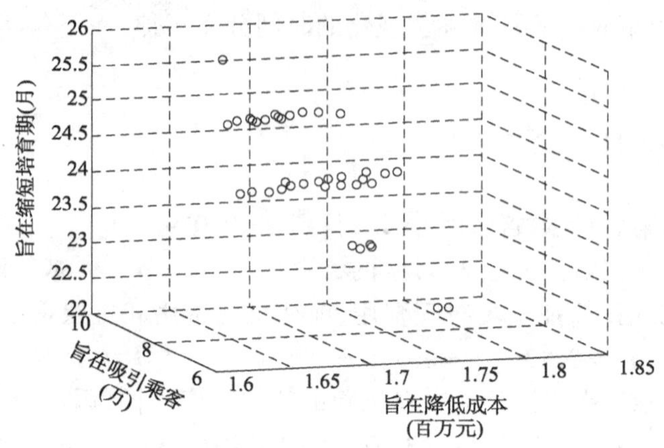

图 3-8 帕累托最优前沿面

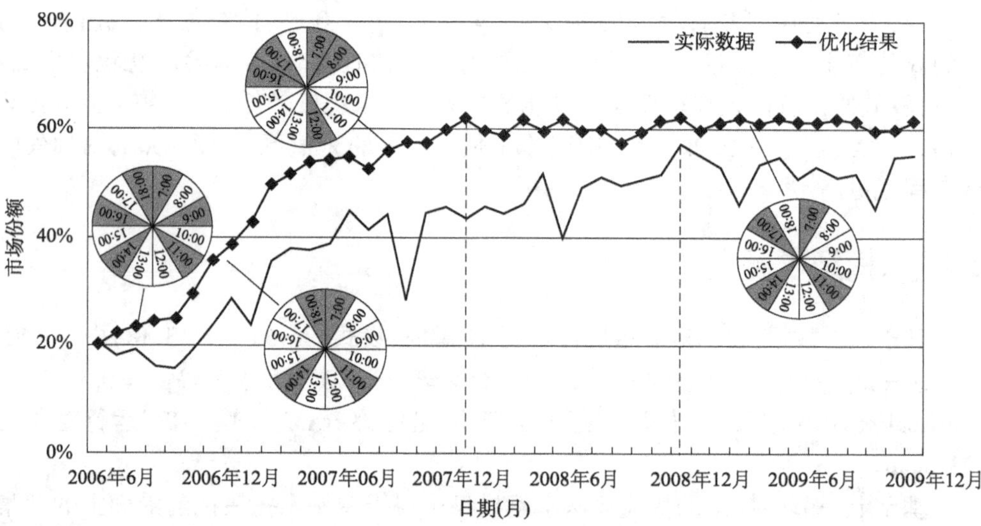

图 3-9 优化后市场份额增长过程及时刻表安排计划

我们可以将优化的市场份额的增长过程分为四个阶段：

①缓慢增长期(2006 年 6 月—2006 年 12 月)：市场占有率由 20% 上升至 29%，月均增长量为 1.5%。增加的这部分乘客中，69.6% 的乘客没有机场选择习惯，28.5% 的乘客选择浦东机场的习惯强度低于 0.3。这说明没有习惯强度和习惯强度低的乘客能较客观地认识机场巴士的优势并快速改变机场选择(由利用机场 A 转向利用机场 B)，他们是机场巴士开通初期的主要客源。

另外，机场巴士在该阶段的发车时刻表如图 3-9 中 1 号饼图所示。可以看出，该阶段机场巴士的发车频率较高，发车时刻与机场航班的早、午、晚高峰时段相衔接。统计该阶段乘坐不同时刻巴士的乘客的出行目的发现，选择 7:00、9:00 和 16:00出发的乘客中，有 73% 的乘客为商务出行，其余 27% 的乘客为私人事务出行；而选择 11:00、13:00、14:00 和 18:00 出发的乘客中，34% 的乘客为商务出行，其余 66% 的乘客为私人事务出行。这说明不同时刻发出的巴士，所服务的乘客的出行目的不相同。

②快速增长期（2007 年 1 月—2007 年 5 月）：市场份额由 29% 上升至 54%，月均增长量为 4.2%。该阶段增加的乘客中，79.1% 的乘客原有的选择浦东机场的习惯强度为 0.3 ~ 0.6，同时机场巴士的发车时刻集中在公务出行乘客愿意选择的时间点上。这说明经过一段时间的市场培养，出行较频繁的公务出行者改变了选择习惯。值得指出的是，虽然这一阶段的时刻表发生了变化，但是缓慢增长期中，已改变机场选择习惯的乘客没有再次流向浦东机场，他们仍然选择禄口机场。这说明这部分乘客已经具有了稳定的机场选择习惯，且调整后的时刻表在其可接受范围内。

③平缓增长期（2007 年 6 月—2007 年 12 月）：机场市场份额由 54% 上升至 62%，月均增长量为 2.1%。该阶段增加的乘客中，85.6% 的乘客选择浦东机场的强度高于 0.6。与上一阶段相比，机场巴士的发车时刻与公务出行乘客偏好的出发时刻有更多的重合，因为此阶段可能改变习惯前来乘坐巴士的乘客大多为公务出行者。由于这部分乘客原有偏向浦东机场的习惯强度较高，因此必须大幅增加机场巴士的客观效用，才能够克服这些乘客的选择习惯所引起的主观效用折减。

④平稳期（2008 年 1 月—　）：大部分乘客的选择习惯重新形成，发车时间分布较均匀，发车时间可以兼顾公务出行和私人事务出行两类乘客。

3.5　本章小结

在新产品/服务投入市场的初期，供给方会利用各式促销手段来快速吸引顾客。本书研究了这一现象形成的潜在机理并指出：促销活动将影响顾客的选择习惯继而影响新产品/服务的市场份额变化。具体来说，习惯使顾客主观上扩大了新产品/服务的风险，导致认知效用低于客观效用。而促销手段可提高新产品/服务的客观效用，以此来弥补习惯带来的主观折减，所以顾客可以快速感知新产品/服务的优势从而改变选择，而乘客习惯的快速改变将引起市场份额的快速增加。因此我们得出：提高市场份额增速和增幅的方法是在培育期内随顾客习惯和选择行为的变化，不断调整新产品/服务的客观效用。

基于以上分析，本书设计了机场长途巴士这一新型集疏运服务在培育期内的运营计划(时刻表)。研究中以机场市场培养期最短、培育期内市场份额增长幅度最大和运营成本最低为多重目标建立时刻表动态优化模型,以禄口机场开通的“禄口机场—无锡”的机场巴士为背景进行实例分析。计算结果显示,优化后的动态时刻表使新服务的培育期缩短了40%,运营成本减少了23.6%。

依据优化结果可知,需在新产品/服务的培育期中各个阶段制订不同的运营计划:在培育期初期大幅提高客观效用,迅速吸引大部分顾客;在中期保持客观效用并做小幅度调整,有目标地吸引特定顾客;在后期可合理降低客观效用,寻找既能维持顾客习惯也能最大化收益的平衡点,制订适用于平稳期的运营/销售计划。

第 4 章 考虑机票价格变动的巴士时刻表动态优化

在第 3 章中,我们针对机场与单个城市间的机场长途巴士服务,建立培育期内时刻表动态优化模型。由于单个城市的航空出行需求占机场吞吐量的比例较小,不足以引起机场拥堵和机票价格变化,因此模型中固定了各条航线的机票价格,仅考虑市场份额与时刻表之间的反馈关系。

但是当研究范围由一条巴士线路扩展到整个网络时,网络中所有节点城市的航空出行需求总量占机场吞吐量的比例增大[108],因为多条机场长途巴士线路的开通而引起的客流变化可能引起航班价格的变化[109;110]。因此需在考虑机票价格、时刻表与市场份额三者之间反馈关系的基础上优化机场长途巴士网络的时刻表。

本章描述了机票价格、时刻表和市场份额间的反馈关系,在统计和分析影响机票价格因素的基础上构建航空公司定价模型,依据反馈关系和航空公司定价模型建立培育期内时刻表动态优化模型,并以禄口机场的机场长途巴士网络为例,动态优化培育期内网络的时刻表,通过求解模型得到培育期内机场长途巴士网络的时刻表以及机场在区域内市场份额的演变。

4.1 问题描述

第 3 章针对机场与单个城市间的机场长途巴士服务,分析了培育期内机场巴士时刻表、乘客机场选择习惯和市场份额间的互动关系。分析结果指出:在某一时点上,时刻表决定着巴士的客观效用,选择习惯决定着乘客的感知效用,机场选择结果形成各机场的市场份额,而市场份额是设计当天机场巴士时刻表的依据;在整个培育期内,市场份额随乘客机场选择习惯的转变而逐渐变化,其中某一时点上的市场份额是所有乘客机场选择习惯累积变化的结果,因此该时点上市场份额既与当天的时刻表有关,又受之前各时点上时刻表的影响。

本章沿用上一章问题描述中的例子,即假设存在 A、B 两座机场,它们之间存在交叉腹地,腹地中存在多个城市(包括 C 市)。B 机场为提高其在交叉腹地中的市场份额,布设了机场长途巴士网络,而 A 机场未开通机场长途巴士。依据第 2 章的模拟结果可知,巴士开通后,B 机场在网络中所有城市内的市场份额都将逐渐上升。由于增加的客流可能引起机票价格的变化,在图 3-1 的基础上我们考虑了机票价格对乘客机场选择行为和选择习惯转变的影响,得到机票价格、时刻表和市场份额三者之间的反馈关系,如图 4-1 所示。

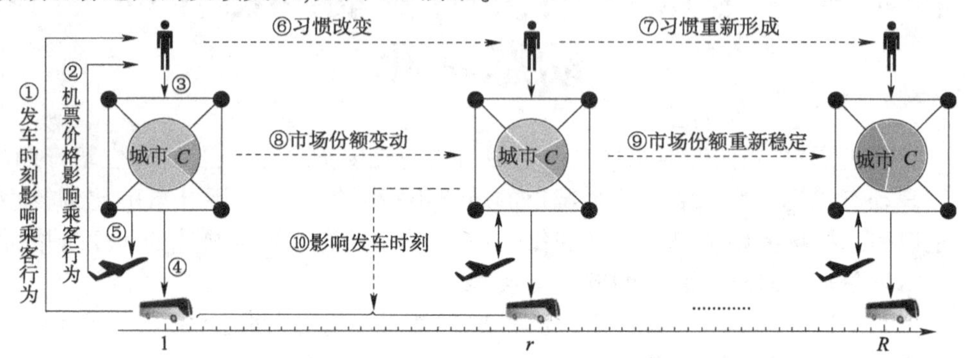

图 4-1 时刻表、选择习惯、机票价格和市场份额间的关系

图中,C 市是位于机场长途巴士网络中的一个城市节点,在 B 机场开通机场巴士的第 1 天,A 机场在 C 市的市场份额大于 B 机场,箭头①表示巴士服务(表现为发车时刻表)改变了 B 机场的效用,影响了有选择习惯的乘客在第 1 天出行时的机场选择。巴士服务决定着乘客乘坐机场巴士前往机场的出发时间和到达机场后的候机时长,因此时刻表决定了 B 机场客观效用的变化,具体为巴士发车越密集,乘客的选择越多,候机时长越短,乘坐巴士的客观效用越大。但是,该客观效用并不直接影响乘客的机场选择,而是转变为乘客的感知效用后才起作用。

箭头②表示机票价格对乘客的机场选择行为也产生影响。乘客在选择机场时会综合考虑机场的集疏运条件与由该机场出发的航班价格。由于乘客在年龄、偏好和收入上的不同,他们对于同一机票价格的接受程度也不同,因此,机票价格在不同乘客主观上的重要程度存在差异。

箭头③表示在巴士和机票价格的共同影响下,区域内所有城市的乘客完成第 1 天出行后,他们的机场选择结果形成了当天 B 机场在所有开通机场巴士城市中的市场份额。箭头④表示第 1 天 B 机场在 C 市的市场份额对机场巴士当天产出的影响。B 机场在 C 市的市场份额决定着巴士的满载率,影响巴士的效益,因此制订第 1 天的时刻表时,需要预测当天 B 机场的市场份额。

箭头⑤表示增加的客流可能将影响由 B 机场出发的航班的票价。机场巴士开通后的第 1 天,乘坐由 B 机场出发航班的人数将增加。这些航班分为两个部分,一部分是当天出发的航班,另一部分是非当天出发的航班。对于第一部分航班来说,在出发当天票价变化的可能性较小;而对于非当天出发的航班来说,由于航班仍处于预售期内,在航空公司得到购票人数上升的信息后,将在下一个时刻(一般为第 2 天)提高机票价格。由于提高后的机票价格会减弱因机场巴士而增加的机场客观效用,因此机场巴士时刻表的设计需考虑机票价格变化对乘客机场选择的影响。

开通机场巴士后,时刻表、机场选择习惯和市场份额在培育期($0 \sim R$ 天)内相互影响,达到平衡的过程如图 4-1 中的虚线箭头所示。其中,箭头④和箭头⑤表示乘客的前次选择结果会影响后续选择,乘客在多次航空出行中逐渐形成新的选择习惯。具体过程为:当乘客完成第 0 天的出行后,首先依据本次出行的实际效用和出行前感知的效用调整选择习惯,之后伴随习惯强度的衰减,在下一次(第 r 天)出行时形成新的选择习惯,并在新习惯的影响下完成下一次出行时的机场选择。乘客在多次出行中逐渐改变选择习惯,各次出行时的机场选择行为随着习惯的改变而改变。

箭头⑥和箭头⑦表示随乘客选择习惯的变化,B 机场在区域内各城市的市场份额逐渐变化直至培育期结束(第 R 天)时达到稳定状态的过程。区域内乘客各次的选择结果形成了当天 B 机场在区域内的市场份额。随着乘客选择习惯的改变,B 机场的市场份额逐渐变化。当区域内乘客选择习惯的变化趋于平稳时,B 机场的市场份额不再变化,B 机场完成了在整个区域内的市场培育。箭头⑧表示第 r 天 B 机场的市场份额不仅影响当天巴士时刻表的设计,同时影响第 r 天之前每天的巴士时刻表设计。由于第 r 天 B 机场的市场份额是之前乘客选择习惯变化的累计结果,因此第 r 天的市场份额既与当天的时刻表有关,又受之前各时刻表的影响。所以,为设计培育期内每天的时刻表,不仅要预测当天的市场份额,还需预测未来的市场份额的变化。

由机票价格、时刻表、选择习惯和市场份额之间在同一时点上,在航班预售期内和在整个培育期内的互动关系可得:在机票预售期内,机票价格因机场长途巴士开通而升高,降低了开通巴士的机场的客观效用,降低了乘客机场选择习惯转变的速度与幅度,因此需考虑时刻表和机票价格共同作用下的乘客机场选择习惯的转变,并基于乘客习惯转变过程设计适用于机场长途巴士网络的动态时刻表。研究中需解决如下两个问题:①明确航空公司定价时所考虑的因素并构建定价模型;②明确市场份额与机票价格之间的反馈关系。

4.2　影响航班票价的因素分析

为分析影响航班票价的相关因素,我们搜集了一年内大连机场部分航线上的航班票价数据进行分析。由于航线的票价制定规则具有普遍性,因此这些数据也同时说明了从禄口机场出发的航班的定价规律。

①机票价格具有季节性，即一年中同一航班的机票价格随航班起飞日期的不同而不断波动[111]。目前，对机票价格季节性波动的理解是：旺季(需求高峰期)的机票价格要高于淡季(普通时期)，我国航空出行需求旺季包含春节、劳动节、国庆节等节日以及学生寒暑假。通过搜集“大连—北京”航线某航班一年(2014年)内的机票价格来分析季节性因素对票价的影响，如图4-2所示，图中每一点表示当天出发的航班上所有售出座位的平均价格。可以看出，机票价格在旺季，如2014年1月15日—2月15日(春运)以及2014年6月30日—8月15日(暑假)期间，一直维持在较高价位并呈现小幅度波动。这说明在这些时段内航空需求量大，航空公司不必以低票价来吸引乘客；而在其他普通时段可以看出机票价格的波动幅度很大，说明这些时段内需求量不稳定，这导致相邻两天同一航班的需求人数可能差别很大，因此航空公司需随乘客需求的变化制定票价。上述分析说明：季节性因素对机票价格的影响不仅体现在机票价格的高低上，还反映在一段时期内票价的波动幅度上。

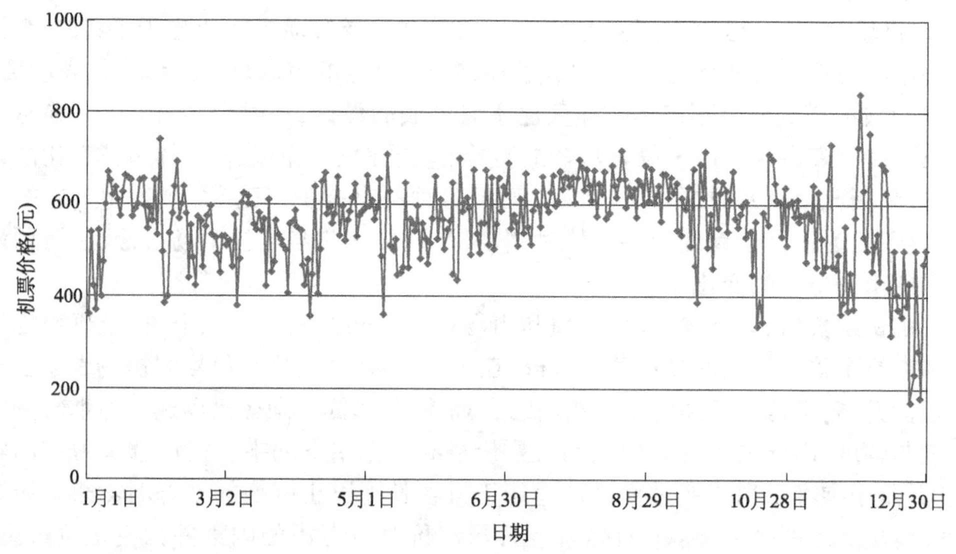

图4-2　季节性因素对同一航班机票价格的影响

②机票价格与航班所在航线上航空公司间的竞争程度相关[110]。类比一般垄断市场和寡头垄断市场的定义，当一条航线上大部分航班资源被同一家航空公司控制时，该航空公司在这一航线上有足够大的市场影响力，因此该航线为可被定义为一般垄断型航线；当一条航线上的航班资源被少数几家航空公司控制，同时这几家航空公司在这条航线上拥有的市场影响力相当，该航线可被定义为

寡头垄断型航线；当一条航线上的航班资源被多家航空公司同时控制，且各公司经营的航班数量占该航线总航班数量的比例大致相同，该航线可被定义为竞争型航线。

为说明同一航线上航空公司间的竞争关系对机票价格的影响，这里对比了以上三种类型航线上机票的月平均价格，如图4-3所示。图中，横轴表示一年中的12个月；纵轴表示机票折扣率，其中1表示全价。菱形标记线表示一般垄断型航线上的机票价格在全年的变化情况，圆形标记线表示寡头垄断型航线上机票价格在全年的变化；三角形标记线表示竞争型航线上机票价格全年的变化情况。

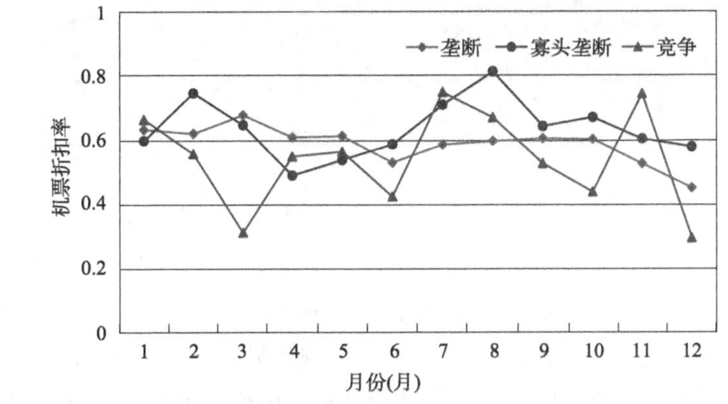

图4-3　航空公司竞争关系对机票价格的影响

可以看出，垄断型航线上的机票价格在一年中几乎没有波动，一直维持在6折票价左右的水平。这说明在垄断航线上，航空公司可以根据自身利益最大化来制定机票价格，不需要依据乘客需求的波动性来调整票价。在寡头垄断型航线上，机票价格的波动变化较为明显，这说明该类型航线上航空公司间存在竞争。因此在定价时，航空公司需综合考虑乘客需求和其他航空公司的定价策略来合理定价。在竞争型航线上，机票价格的波动变化非常明显，这说明在该类型航线上，航空公司间的相互竞争使机票价格的制定更符合乘客的需求，提高了乘客的收益。由以上分析可知，航线上航空公司间的竞争程度是影响机票价格的重要因素。

③除了航空公司之间的竞争对机票价格会有影响外，其他可替代交通方式对机票定价也存在影响[112]，如：火车、轮渡等。因此，我们选择了三条航线：有高速铁路与之竞争的航线、有轮渡与之竞争的航线和有普通铁路与之竞争的航线，并对比这三条航线上机票价格在一年内的变化情况，得到的结果如图4-4所示。图中，菱形标记线表示有轮渡与之竞争的航线上的机票价格变化，可以看出由于轮渡的航行速度过低，其对机票价格几乎没有影响。三角形标记线表示有普通铁路与之竞

争的航线上的机票价格变化，可以看出由于行驶速度差距很大，普通铁路对该航线价格也没有较大影响。正方形标记线表示有高速铁路与之竞争的航线上的机票价格变化，可以看出高速铁路的替代性对机票价格的影响较大，且在出行需求淡季对机票价格的影响高于旺季，这说明在航线的机票定价中，我们需考虑高速铁路对机票价格的影响。

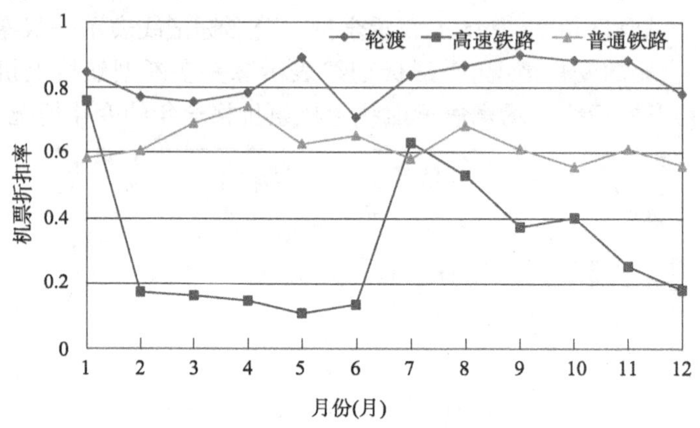

图 4-4 其他交通方式对机票价格的影响

以上从宏观层面分析了影响机票价格的因素，另外还需从微观角度，即在一个航班的机票预售期内，研究影响机票定价问题的因素。航空公司在机票预售期内的定价过程是一个复杂的收益管理问题[113]。航空公司希望不断地调整机票价格，从而使整个航班获得最大的收益。在影响航空公司定价的因素中，已售出座位数是影响航空公司动态定价的最重要因素。由于航班所能提供的座位资源是有限的，并且剩余座位数在舱门关闭的瞬间失去价值，因此航空公司在售出一个座位后都会依据剩余座位的机会成本进行定价。随着售票渠道的多样化，航空公司需随时搜集自身的售票数据以及竞争对手的票价数据来动态制定票价。

图 4-5 刻画了某一航班的预售期(60d)内每天机票价格的变化。图中横轴为提前于航班起飞日期的天数，纵轴为机票折扣率。可以看出从航班起飞前 60d 至 30d，该航班的机票价格由 3.5 折逐渐升高至 5.8 折，机票价格平均每天升高 0.05%，在这段时间内机票价格变化幅度较小。从航班起飞前 30d 至前 7d，机票价格上升迅速，由第 30 天的 5.8 折上升至 8.2 折，机票价格平均每天上升 0.24%，值得指出的是，从航班起飞前 9d 至前 7d，机票价格上升最为明显，为 0.4%，这说明有大量乘客集中在这一时段购买机票，使机票价格迅速升高。临近起飞的前一周内，机票价格由 8.2 折上升至最终的 9.5 折，在这期间，机票价格平均每天上涨 0.19%。

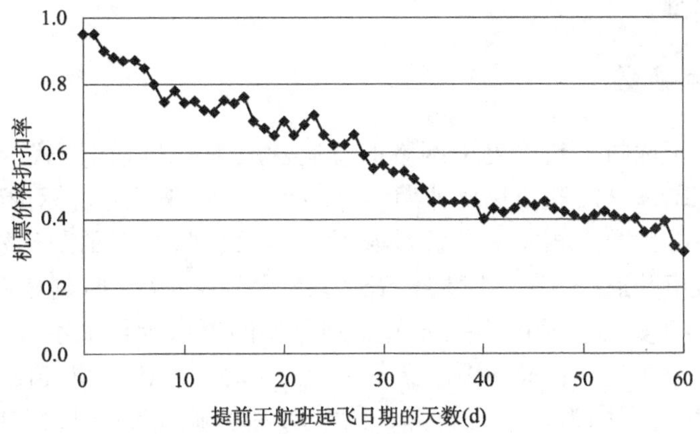

图 4-5　航班票价在预售期(60d)内变化趋势

对比预售期内购买票价人数累积比率(图 4-6),可以看出:航班起飞前 30d 至前 7d,乘客人数迅速增加,这导致机票价格快速升高。而在航班起飞前最后 7d 内,由于购买机票总人数已达 86%,剩余座位数较少,依据收益管理中机票定价理论所述,剩余座位机票机会成本很高。因此,虽然最后 7d 内前来购票的乘客人数较少,但是机票价格仍然迅速攀升。

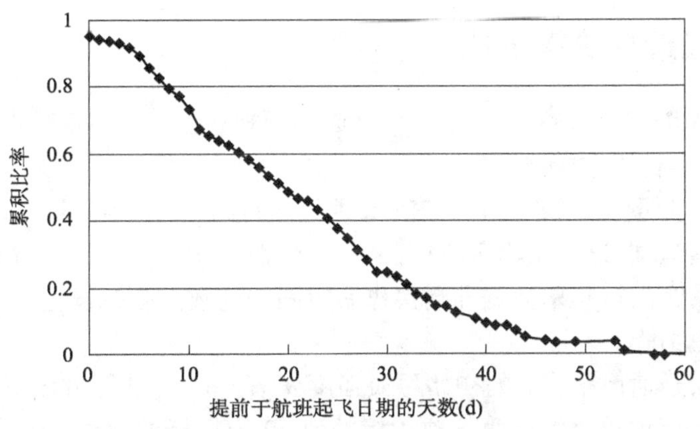

图 4-6　机票预售期内已售座位数占航班可承载人数的比率变化

4.3　考虑机票价格的时刻表动态优化模型

第 3 章针对“机场长途巴士”网络中的一条线路建立了培育期内时刻表动态优化模型,本章在上一章所建模型的基础上构建培育期内机场长途巴士网络的时刻表动态优化模型。

4.3.1 目标函数

模型以 g 天内机场长途巴士网络的总运营成本(C')最低[式(4-1)]、乘客人数(N')最大[式(4-2)]和市场培养期(T')最短[式(4-3)]为目标构建时刻表动态优化模型。目标函数中相关变量解释如下:r 表示日期;t 表示备选发车时刻;o 表示网络中的城市节点;x_{rot}为 0-1 变量,表示第 r 天节点 o 在 t 时刻是否有巴士发出,有为 1,否则为 0;c_o为一辆巴士从 o 节点到机场的单次走行成本;v 为折现系数;e 表示乘客;n_{rote}为 0-1 变量,表示第 r 天 o 节点上 t 时刻发出的机场巴士是否被乘客 e 选择,选择为 1,否则为 0;w 是计算一段时期内客流标准差时设定的观测天数;u 为依据经验设定的误差值。

$$\text{Min}:C' = \sum_{r=1,\cdots,g}\sum_{o}\sum_{t} x_{rot}\cdot c_o\cdot(1-v)^r \tag{4-1}$$

$$\text{Max}:N' = \sum_{r=1,\cdots,g}\sum_{o}\sum_{t}\sum_{e} n_{rote} \tag{4-2}$$

$$\text{Min}:R' = \left\{r \,\middle|\, \sqrt{1/w\sum_{r}^{r+w-1}\left(\sum_{o}\sum_{t}\sum_{e} n_{r+1,ote} - \sum_{o}\sum_{t}\sum_{e} n_{rote}\right)^2} \leqslant u\right\} \tag{4-3}$$

4.3.2 机场选择决策模拟

x_{rot}为模型的决策变量,可以基于 n_{rote}优化得到;n_{rote}可以通过模拟方法得到。

(1)航空出行需求生成

n_{roe}为 0-1 变量,如果乘客 e 在第 r 天乘机出行,$n_{roe}=1$,否则 $n_{roe}=0$。$n'_{r'oe}$为0-1 变量,如果乘客 e 在第 r'天购买机票,$n'_{r'oe}=1$,否则 $n'_{r'oe}=0$。n_{roe}与 $n'_{r'oe}$的值根据调查所得的乘客出行频率数据和购买机票时间统计数据随机设定。

(2)习惯强度计算

设定巴士开通前乘客 e 的初始习惯强度 $h_{roe}(r=1)$,计算方法见式(4-4)。式中 y_q为习惯强度评价体系中第 q 项指标的值,Q 为指标的数量。h_{roe}的值根据调查所得的乘客习惯强度的分布情况随机设定。

$$h_{roe} = h = \sum_{q=1}^{Q}\frac{y_q}{Q},\quad r = 1 \tag{4-4}$$

(3)巴士走行时间感知值分布设定

T_{rioe}为第 r 天 o 节点中乘客 e 感知的前往机场 i 的走行时间分布,拥有不同 h_{roe}的乘客所感知的 T_{rioe}不相同。具体方法见式(4-5)。

$$T_{rioe}(t_{rioej},p_{rioej}) = T_{iho}(t_{ihoj},p_{ihoj}), \quad h_{roe} = h_o \tag{4-5}$$

式中：t_{rioej}——乘客 e 感知的前往机场 i 的所需第 j 种可能的时间；

p_{rioej}——对应的概率值。

(4)机场与出发时刻联合决策

基于累积前景理论模拟乘客机场和出发时刻的联合决策过程，如式(4-6)~式(4-11)所示。在累积前景理论中，决策者依赖价值函数和主观概率权重函数计算各备选方案的前景值，并选择前景值最大的方案，其中价值函数有三个特征：①决策者在面临收益时，依据风险规避原则决策；②决策者在面临损失时，依据风险偏爱原则决策；③决策者对损失比对收益敏感。

为简化公式，这里以 o 节点中乘客 e 的机场选择行为为例对模型进行解释。根据前景理论，乘客选择机场 i 可能获得的前景值 PS_{rie} 的计算方法如式(4-6)所示，式中右边的前半部分表示选择机场 i 可能获得的收益，后半部分表示可能获得的损失。

$$PS_{rie} = \sum_{j=1}^{n} V^{+}(x_{riej}) \cdot \pi_{riej}^{+} + \sum_{j=-m}^{0} V^{-}(x_{riej}) \cdot \pi_{riej}^{-} \tag{4-6}$$

这里以收益的计算过程为例进行介绍。乘客可能获得的收益由价值函数 $V^{+}(x_{riej})$ 和与其对应的累积概率权重函数 π_{riej}^{+} 相乘得到，其中 x_{riej}[式(4-8)]为感知费用 c_{riej} 与期望费用 c_e 的差值。感知费用 c_{riej} 与期望费用 c_e 的计算过程详见本书第 3.2.3 节。

$$V^{+}(x_{riej}) = x_{riej}^{\ \alpha}, \quad x_{riej} \geqslant 0 \tag{4-7}$$

$$x_{riej} = c_{riej} - c_e \tag{4-8}$$

P_{rie} 为第 r 天乘客 e 选择 i 机场出发所需机票价格，该价格与乘客购买机票的日期 r' 和乘客选择的由 i 机场发出的航班 f 相关，具体如式(4-9)所示。

$$p_{rie} = p_{r'rif}, \ n'_{r'oe} = 1 \ \& \ n_{roif} = 1 \tag{4-9}$$

依据 KAHNEMAN D 的研究，收益和损失的累计概率权重函数计算过程参见本书第 3.2.3 节。

o 节点中乘客 e 选择 PS_{rie} 最大的机场出行并确定出行所乘航班 f，得到 n_{rief} 和 $n'_{r'ief}$。n_{rief} 为 0-1 变量，e 选择第 r 天由 i 出发的航班 f，$n_{rief}=1$，否则 $n_{rief}=0$；$n'_{r'ief}$ 为 0-1 变量，e 选择在第 r' 天购买航班 f 的机票，$n'_{r'ief}=1$，否则 $n'_{r'ief}=0$。结合所有 o 节点乘客的 n_{rief} 和 $n'_{r'ief}$ 以及除去 o 节点以外的其他城市的购票人数，得到在第 r' 天购买第 i 机场出发的 f 航班的乘客人数 $n_{r'rif}$。如果机场 i 开通了机场巴士，乘客将从所有可能的出发时刻 t_{riej}^{D} 中选择乘机场巴士出发的时刻 t_{roe}^{D}，决策方法如式(4-10)所示。

$$t_{roe}^{D} = t\ ,\ t \in \left\{ t_{riej}^{D} \mid \max(p_{riej}) \right\} \tag{4-10}$$

当乘客完成机场与出发时刻联合选择决策,即可得到 n_{rote}，表示如果乘客 e 选择 t 时刻发出的巴士,其值为 1,否则为 0。

$$n_{rote} = \begin{cases} 1, & t_{roe}^{D} = t \cdot x_{rot} \\ 0, & t_{roe}^{D} \neq t \cdot x_{rot} \end{cases} \tag{4-11}$$

(5)习惯强度更新与衰减模拟

为得到培育期内每天的机场市场份额,需要分析乘客习惯强度在多次机场选择过程中的变化。为此,首先确定乘客完成一次出行后当天习惯强度的变化,提出式(4-12);之后确定习惯强度在两次出行间的衰减规律,提出式(4-13)。

$$h_{roe}' = h_o\ ,\ h_o \in \left\{ h_o \mid PS_{ioh} = U_{rioe} \right\} \tag{4-12}$$

式(4-13)是基于心理学家赫尔曼·艾宾浩斯(Hermann Ebbing haus)发现的遗忘规律而构建的习惯强度的衰减规律[30]。

$$h_{r+l,oe} = h_{roe}' \cdot e^{-al} \tag{4-13}$$

式中: $h_{r+l,oe}$——距第 r 天出行 l 天后的习惯强度;

a——待定系数。

4.3.3 机票定价模型

通过 4.2 节对影响机票价格的因素分析,可以看出宏观层面上的影响因素有季节性因素和航线上航空公司间竞争程度,微观层面上的影响因素有航班中已售出座位数和剩余座位数。依据上述影响因素,本节利用多元回归方法得到航空公司定价模型,如式(4-14)所示。

$$p_{r'rif} = \sigma_1 \cdot \hat{n}_{r'-1,rif} + \sigma_2 \cdot (r - r') + \sigma_3 \cdot t_f + \sigma_4 \cdot p'_{if} + \sigma_5 \cdot n'_{if} + \sigma_6 \cdot P_f + \sigma_7 \cdot r' + \omega \tag{4-14}$$

式中: $p_{r'rif}$——第 r 天由机场 i 出发的航班 f 的价格在第 r' 天的机票价格;

$\hat{n}_{r'-1,rif}$——截至第 $r'-1$ 天,f 航班上剩余的经济舱座位数;

t_f——f 航班的起飞时刻是否位于一天中航班起飞高峰期,是为 1,否则为 0;

p'_{if}——f 航班在去年同月的平均机票价格;

n'_{if}——f 航班在去年同月的平均满载率;

P_f——经营 f 航班的航空公司所拥有航班数占同航线中所有航班数的比重;

r'——第 r 天是否处于一年内机票销售旺季，是为 1，否则为 0。

$\sigma_1 \sim \sigma_7$——待估系数；

ω——常数项。

4.3.4　约束条件

式(4-15)～式(4-18)为模型的限制条件，式(4-15)表示第 r 天机场巴士运送乘客总数不大于开通巴士机场的容量 TN。

$$0 \leqslant \sum_o \sum_t \sum_e n_{rote} \leqslant \mathrm{TN} \tag{4-15}$$

式(4-16)表示第 r 天航班 f 的累积售票数小于该航班的容量。

$$\sum n_{rif} \leqslant N_{rif} \tag{4-16}$$

式(4-17)为无空车约束，式(4-18)为必须发车约束。

$$\left(\sum_e n_{rote} - 0.5\right) \cdot \left(x_{rot} - 0.5\right) > 0 \tag{4-17}$$

$$\sum_t x_{rot} \geqslant 1 \tag{4-18}$$

4.3.5　算法设计

与第 3 章设计的优化算法类似，本章同样基于的非支配排序遗传算法（NSGA-Ⅱ）求解模型。算法具体步骤如下所示。

（1）步骤 1（初始化 x_{rot}）

设 $gen=0$，同时初始化种群：$Pop_0 = \{X_s^0 \mid s = 1,2,\cdots,S\}$，$S$ 为种群中个体数量，X_s^0 为初始种群中第 s 个时刻表设计方案，$X = \{x_{rot} \mid r = 1,2,\cdots,g;1 \leqslant o \leqslant O;1 \leqslant t \leqslant 24\}$。

（2）步骤 2（计算 n_{rote}）

①生成乘客 $e=1,2,\cdots,E$；并生成乘客 e 的出行日期 n_{roe}。

②设 $r=1$，依据调查数据生成乘客 e 的初始习惯强度 h_{roe} 以及感知的时间分布 T_{roie}。

③设 $r=1$，确定 $p_{r'rif}(r'=r=1)$。

④设 $r=1$，计算 n_{rote} 以及 h'_{roe}。

⑤设 $r=1$，计算 n_{rief}、$n'_{r'ief}$ 以及 $\hat{n}_{r',rif}$。

⑥设 $r=r+1$，计算 $h_{r+1,oe}$，和 $n_{r+1,ote}$ 以及 $p_{r'+1,rif}$。

⑦$r=r+2$，$r+3$，$\cdots$，g。

(3)步骤3(计算 X_s^0 对应适应度值)

计算初始种群 Pop_0 中每一个个体对应的适应度值。

(4)步骤4(非支配排序以及种群多样性保留)

利用非支配排序方法将初始种群中的每一个个体分配到不同的前沿面上,并计算每一个前沿面上不同个体间的拥挤距离,之后利用拥挤算子将各前沿面上的个体进行排序。

(5)步骤5 (选择、交叉和变异)

进行选择、交叉和变异操作。

(6)步骤6(精英策略)

下一代种群须由上父代种群和子代种群共同组成。

(7)步骤7(判断是否停止)

$gen = gen + 1$, 返回步骤2,直至收敛。

染色体设计是NSGA-Ⅱ中的重要内容,本书设计的染色体编码为矩阵式编码,编码的每一行表示一个城市在培育期内时刻表,每一行分为 n 个部分,各部分表示某一季度机场巴士所执行的时刻表;各部分中的每个基因位表示该季度内机场巴士在某一时刻上是否发车,1 表示发车,0 表示不发车,编码形式如图4-7所示。

第1季度	第2季度		第n季度
0 1 … 0 0	0 1 … 0 0	……	0 1 … 0 0
0 1 … 0 0	0 1 … 0 0	……	0 1 … 0 0
⋮			⋮
0 1 … 0 0	0 1 … 0 0	……	0 1 … 0 0

图4-7　编码结构

依据目标函数,适应度函数如下所示:

$$\text{Min}:F_1' = \sum_{r=1,\cdots,g}\sum_{o}\sum_{t} x_{rot} \cdot c_o \cdot (1-v)^r \tag{4-19}$$

$$\text{Min}:F_2' = -\sum_{r=1,\cdots,g}\sum_{o}\sum_{t}\sum_{e} n_{rote} \tag{4-20}$$

$$\text{Min}:F_3' = \left\{ r \,\middle|\, \sqrt{\frac{1}{w}\sum_{r}^{r+w-1}\left(\sum_{o}\sum_{t}\sum_{e} n_{r+1,ote} - \sum_{o}\sum_{t}\sum_{e} n_{rote}\right)^2} \leqslant u \right\} \tag{4-21}$$

NSGA-Ⅱ用拥挤距离来表示同一前沿面上两个解之间的距离,它是拥挤算子的基础。依据DEB等学者的研究,拥挤度计算方法如式(4-22)所示。另外还需设定交叉率 P_{cro} 与变异率 P_{mut}。

$$d'(s) = \sum_{b=1}^{B} \left| F_b(s+1) - F_b(s-1) \right| \tag{4-22}$$

式中：$d'(s)$——各前沿面上第 s 个算子拥挤距离；

b——适应度方程的编号。

4.4　数据搜集

本书以禄口机场布设的机场长途巴士网络为例，动态优化培育期内网络的时刻表。禄口机场在 2006 年开通前往无锡、扬州、扬中、镇江、金坛、丹阳、泰州、常州、溧阳和宜兴的机场长途巴士，线网为点对点式结构。

4.4.1　机场长途巴士开通前数据

2006 年机场长途巴士开通前，这 10 个城市前往禄口机场人次数占当年禄口机场总运送人次的 1.67%，禄口机场在上述城市中所占市场份额见表 4-1。可以看出，在机场长途巴士开通前，禄口机场在各城市所占市场份额比例的大小与该城市的地理位置呈负相关。城市与禄口机场间的距离越长，禄口机场在该城市所占市场份额越低。这是因为 2005 年缺少禄口机场与这些城市间的直达交通方式，长距离和频繁换乘增加了乘客前往机场的疲劳感，同时受浦东机场的航班、航线资源丰富以及机场选择习惯的影响，有些城市的乘客更愿意选择浦东机场出行。

禄口机场在 10 个城市所占市场份额（开通前）　　表 4-1

城　市	市场份额(%)	城　市	市场份额(%)
无锡	21.7	丹阳	49.7
扬州	57.7	泰州	34.3
扬中	42.7	常州	23.8
镇江	56.4	溧阳	21.4
金坛①	28.4	宜兴	19.8

注：①金坛市于 2015 年 4 月撤市设区。

为模拟 10 个城市内乘客机场选择习惯的转变过程，我们于 2010 年调查了以上 10 个城市中的乘客在 2005 年时所具有的禄口机场和浦东机场选择习惯强度分布。由于城市较多,这里选取镇江和常州两个城市的乘客习惯强度分布进行介绍。图4-8为2005年常州市乘客拥有的浦东机场选择习强度分布,图中乘客的机场选择习惯集中在0.2~0.45之间,可以看出:虽然浦东机场在常州市市场份额较大,但常州市乘客偏向浦东机场的习惯强度较低。图4-9为2005年扬州市乘客拥有的偏向禄口机场习惯强度分布图,图中乘客的习惯强度集中在0.25~0.4之间,该市乘客偏向禄口机场的习惯强度较低说明他们的习惯强度较易改变,禄口机场需采取措施提高扬州市乘客的机场选择习惯。

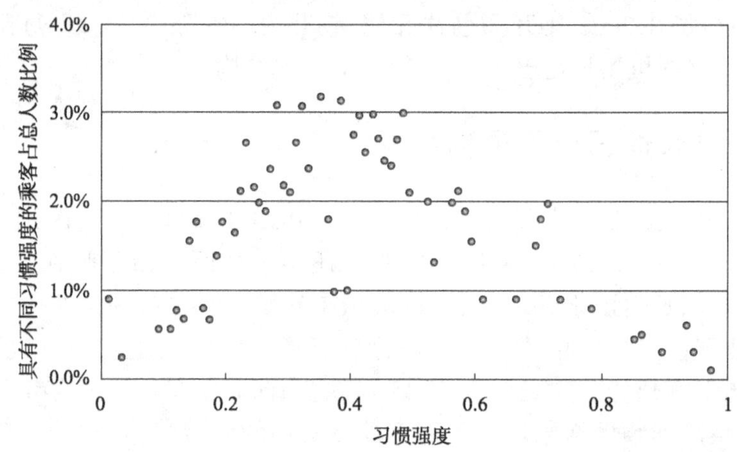

图4-8　2005年常州市乘客选择浦东机场习惯分布

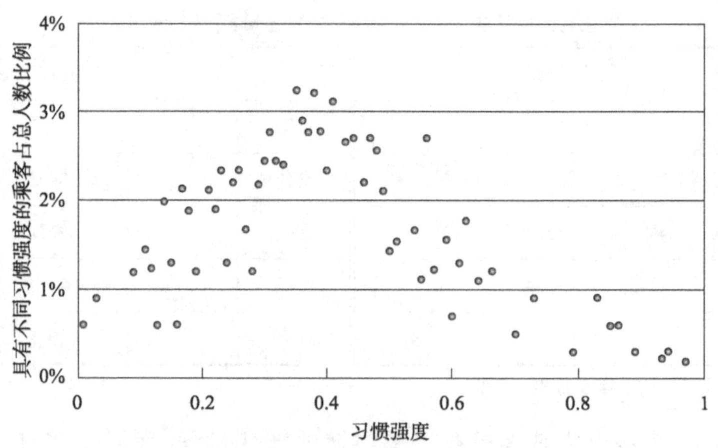

图4-9　2005年扬州市乘客选择禄口机场习惯分布

4.4.2　机场长途巴士开通后数据

图 4-7 中各城市 2006—2009 年的年航空需求总量见表 4-2。我们将依据表中各城市年航空出行人次调整模拟系统中各城市的航空需求总数。

2006—2009 年城市年航空出行需求量(单位:万人次)　　表 4-2

年份	扬州	扬中	镇江	丹阳	常州	金坛	溧阳	宜兴	泰州	无锡
2006 年	12.84	3.87	10.16	7.35	11.03	3.89	4.68	6.4	7.11	18.31
2007 年	13.48	4.06	10.77	7.80	11.28	4.09	5.10	6.72	7.74	19.35
2008 年	14.56	4.39	11.79	8.18	12.67	4.45	5.61	7.53	8.68	19.99
2009 年	15.28	4.83	12.86	8.98	13.34	4.89	6.17	8.20	9.72	21.22

在模拟过程中,我们还需要考虑两个机场在通航目的地和航班数量上的变化。表 4-3 为 2005—2010 年间禄口机场和浦东机场在国内航班数量上的对比。可以看出,2005—2010 年,两座机场的航班数之比没有大幅变化,说明这段时间内航班数量不是导致机场市场份额变化的主要原因。

2005—2010 年禄口机场和浦东机场间国内航班数量比较　　表 4-3

年　份	浦东机场航班数(个)	禄口机场航班数(个)	比　值
2005 年	441	152	2.92
2006 年	511	177	2.89
2007 年	661	224	2.95
2008 年	720	250	2.88
2009 年	850	290	2.93
2010 年	909	318	2.85

机场巴士开通后,禄口机场在区域内机场市场份额变化如图 4-10 所示。可以看出,相比于禄口机场在无锡市市场份额的增长情况,禄口机场在整个区域内的机场市场份额的增长速度较为平缓,但培育整个区域的时长与培育无锡市所用时长相同,均为 32 个月。

表 4-4 为 2009 年机场长途巴士发车时刻表,其中扬州市发车时刻最为密集,为 1 小时 1 班。镇江市发车时刻按照高峰时段和非高峰时段分为 1 小时 1 班和 1.5小时 1 班两种,其他城市每天 4 ~ 6 班。

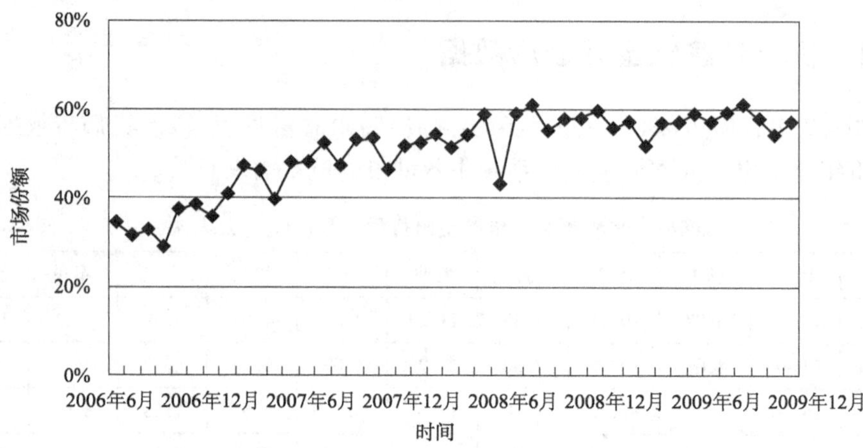

图4-10　禄口机场在区域内市场份额的演变

2009 年禄口机场巴士时刻表　　表4-4

城市	发车时刻												
扬州	05:00	06:00	07:00	08:00	09:00	10:00	11:30	12:30	13:30	14:30	15:30	16:30	17:30	18:30
扬中	06:30	08:10	13:40	15:50										
镇江	05:30	07:00	08:00	09:00	10:00	11:00	12:30	14:00	15:00	16:00	17:00	18:30		
丹阳	07:00	10:20	13:25	15:55										
常州	04:35	06:50	09:30	11:00	13:00	15:00								
金坛	08:00	11:20	14:25	16:55										
溧阳	07:50	10:50	13:50	15:50										
宜兴	05:10	06:20	07:50	09:20	10:50	12:50	14:20	15:50	17:50					
泰州	05:50	08:20	10:20	13:20	15:20									
无锡	06:50	08:50	10:50	13:20	15:20	17:20								

表4-5为2009年12月禄口机场在无锡、扬州等10个城市的市场份额。对比表4-1可以看出，禄口机场在这10个城市的市场份额都有所提升，其中在扬州市上升了11.6%，在扬中市上升7.0%，在镇江市上升16%，在丹阳市上升1.6%，在常州市上升30.8%，在金坛市上升23%，在溧阳市上升33.3%，在宜兴市上升52%，在泰州市上升19%，在无锡市上升36.1%。可以发现，在距离禄口机场较远的宜兴市，市场份额上升幅度很大，说明完善的集疏运服务可以缩短城市与机场间

的空间距离，协助机场提高市场份额。

禄口机场在 10 个城市所占市场份额(2009 年 12 月)　　表 4-5

城　市	市场份额(%)	城　市	市场份额(%)
无锡	57.8	丹阳	51.3
扬州	69.3	泰州	53.3
扬中	49.7	常州	54.6
镇江	72.4	溧阳	54.7
金坛	51.4	宜兴	71.8

4.5　参数估计与设定

设定之前已计算得到的模型中的参数 $a=0.019$，$\rho_1=0.32$，$\rho_2=0.13$，$\rho_3=0.55$，$\alpha=0.35$，$\beta=0.61$，$\lambda=2.31$，$\gamma=0.67$，$\delta=0.76$；设定 $w=60$，$u=6$，$g=42$(月)；设定图 4-7 中第 n 阶段包含 3 个月。另外模拟系统中共有 2568 位虚拟出行者。求解时令交叉率 $P_{cro}=0.7$，变异率为 $P_{mut}=0.1$。

为估计航空公司定价模型[式(4-14)]中的参数，我们搜集了 25 条航线中 1250 个航班在预售期内完整的售票数据，并结合《2013 年中国民航统计年鉴》和《2014 年中国民航统计年鉴》得到多元回归方程中所需的历史票价和航班历史满载率数据，部分数据内容见表 4-6。表中为从南京出发的某一航线中某一航班在预售期内提前于出发日期 23d 至 9d 内的机票销售数据，由于涉及机票价格信息，表中隐去了航线目的地与航班号。

航班售票数据　　表 4-6

序号	出发地	目的地	航班号	当前日期	出发日期	第 r 天由机场 i 出发的航班 f 在 r' 天的机票价格折扣率	售出座位数占总座位数比例	航班 f 起飞时间	离起飞日期天数	经营 f 航班的航空公司所拥有航班数占同航线中所有航班数的比重	f 航班在去年同月的平均满载率	第 r 天是否处于一年内机票销售旺季
39	NKG			2014-3-21	2014-4-13	0.51	0.40	17.5	23	0.46	0.87	0
40	NKG			2014-3-22	2014-4-13	0.51	0.41	17.5	22	0.46	0.87	0

续上表

序号	出发地	目的地	航班号	当前日期	出发日期	第r天由机场i出发的航班f在r'天的机票价格折扣率	售出座位数占总座位数比例	航班f起飞时间	离起飞日期天数	经营f航班的航空公司所拥有航班数占同航线中所有航班数的比重	f航班在去年同月的平均满载率	第r天是否处于一年内机票销售旺季
41	NKG			2014-3-23	2014-4-13	0.54	0.43	17.5	21	0.46	0.87	0
42	NKG			2014-3-24	2014-4-13	0.54	0.44	17.5	20	0.46	0.87	0
43	NKG			2014-3-25	2014-4-13	0.55	0.46	17.5	19	0.46	0.87	0
44	NKG			2014-3-26	2014-4-13	0.58	0.47	17.5	18	0.46	0.87	0
45	NKG			2014-3-27	2014-4-13	0.55	0.58	17.5	17	0.46	0.87	0
46	NKG			2014-3-28	2014-4-13	0.55	0.64	17.5	16	0.46	0.87	0
47	NKG			2014-3-29	2014-4-13	0.51	0.65	17.5	15	0.46	0.87	0
48	NKG			2014-3-30	2014-4-13	0.51	0.65	17.5	14	0.46	0.87	0
49	NKG			2014-3-31	2014-4-13	0.55	0.65	17.5	13	0.46	0.87	0
50	NKG			2014-4-1	2014-4-13	0.58	0.68	17.5	12	0.46	0.87	0
51	NKG			2014-4-2	2014-4-13	0.61	0.74	17.5	11	0.46	0.87	0
52	NKG			2014-4-3	2014-4-13	0.65	0.78	17.5	10	0.46	0.87	0
53	NKG			2014-4-4	2014-4-13	0.65	0.83	17.5	9	0.46	0.87	0
54	NKG			2014-4-5	2014-4-13	0.65	0.83	17.5	8	0.46	0.87	0
55	NKG			2014-4-6	2014-4-13	0.65	0.84	17.5	7	0.46	0.87	0
56	NKG			2014-4-7	2014-4-13	0.65	0.84	17.5	6	0.46	0.87	0
57	NKG			2014-4-8	2014-4-13	0.80	0.85	17.5	5	0.46	0.87	0

注:NKG 为南京禄口国际机场三字代码。

基于所搜集数据和式(4-23),利用 SPSS 软件进行多元线性回归分析,回归结果见表 4-7。由回归分析结果可以看出,模型和各系数均可通过显著性检验,且回归模型中的自变量可以较全面地解释因变量。由标准归回系数可以看出:航班剩

余座位数 $\hat{n}_{r'-1,rif}$ 与机票价格正相关且对机票价格的影响最大；提前与起飞日期的天数（r-r'）与机票价格负相关，但影响小于剩余座位数，这说明机票价格与乘客需求的关系更为密切；t_f与机票价格正相关，这与现实相符，验证了高峰时段票价高于平常时段票价的事实；$p_{if}^{'}$和 $n_{if}^{'}$与机票价格正相关，但是相关性较小，说明航空公司在定价时会考虑历史票价和满载率，但是主要依据当前的购票数据进行决策；P_f与机票价格正相关，且对机票价格的制定有一定的影响力，说明航空公司在一条航线上的市场影响力越大，这条航线上的机票价格越高；r'与机票价格正相关且对机票价格有较大的影响力，这说明航空公司在定价时考虑季节性因素。

回归结果分析表　　表 4-7

参　数	非标准回归系数(B)	B 的标准误差	显著水平(p)	标准回归系数
$n_{i,r-1,f}$	0.584	0.031	0.003	0.619
r'_f	-0.0078	0.0004	0.007	-0.367
t_f	0.342	0.044	0.006	0.216
p'_{if}	0.037	0.009	0.000	0.102
n'_{if}	0.048	0.003	0.002	0.126
P_f	0.332	0.007	0.001	0.126
r'	0.251	0.034	0.008	0.246
ω	-0.117	0.031	0.000	0
R^2	0.812			
p	0.00			
N	75000			

4.6　结果分析

4.6.1　区域优化结果分析

基于搜集数据并求解优化模型的帕累托最优解，帕累托最优前沿面如图 4-11 所示。这里选取前沿面上的位于中间位置的解，介绍其对应的优化结果。

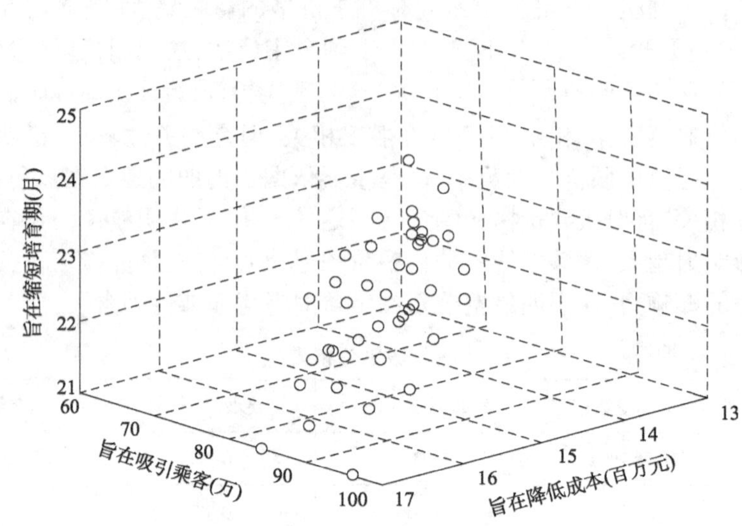

图 4-11 帕累托最优前沿面

首先介绍优化后禄口机场从 2006 年 6 月—2009 年 12 月间在整个区域内的市场份额演变过程,如图 4-12 所示,图中灰色线为实际数据,菱形标记线为优化后的市场份额变化趋势线。图中,优化后的市场培育为 22 个月,较优化前缩短了 10 个月。平稳后机场市场份额为 61.43%,较优化前增长 2.65%,总运营成本减少 15.8%。我们将优化得到的培育期内禄口机场市场份额的增长过程分为三个阶段:快速增长期、缓慢增长期和平稳期。

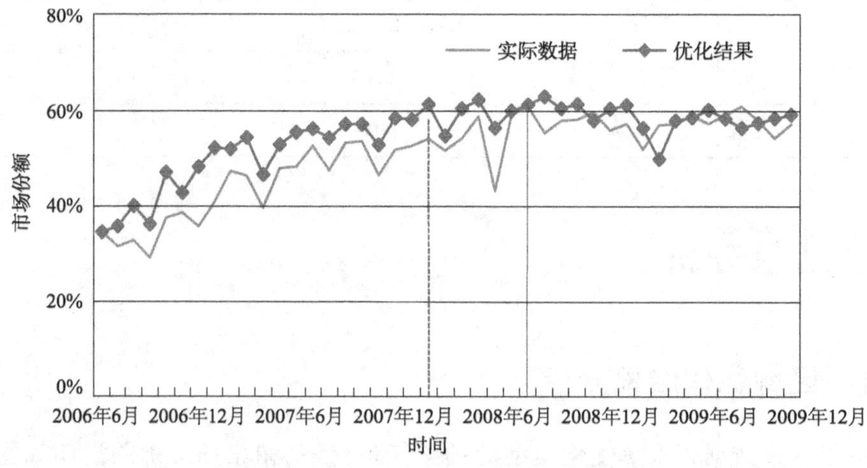

图 4-12 优化后禄口机场市场份额演变过程

①快速增长期(2006年6月—2007年3月)

市场占有率由34.45%上升至54.31%,月均增长量为1.98%。在该段时期内,各城市节点增加乘客人数占总增加人数的比例见表4-8。表中,镇江市、扬州市、泰州市和常州市所占比例较高,说明这一阶段内上述4个城市带动了禄口机场在整个区域内市场份额的增长;丹阳市、金坛市、溧阳市、宜兴市和无锡市所占比例较小。增加的这部分乘客中54.6%的乘客没有机场选择习惯,42.5%的乘客选择浦东机场的习惯强度低于0.3。这说明一方面没有习惯强度和习惯强度低的乘客能较客观地认识机场巴士的优势并快速改变机场选择(由利用机场A转向利用机场B);另一方面,镇江市、扬州市、泰州市和常州市内乘客所拥有的浦东机场选择习惯较低。

快速增长期各城市增加人数占区域内总增加人数的比例(单位:%)　表4-8

城市	扬州	扬中	镇江	丹阳	常州	金坛	溧阳	宜兴	泰州	无锡
比例	16.50	5.70	21.80	4.10	11.90	3.50	8.09	9.20	12.10	6.21

禄口机场在该阶段的发车时刻表见表4-9。可以看出,相比于现行时刻表(表4-9),机场巴士在扬州、镇江的发车频率降低。以扬州市为例,在机场巴士开通前,有55%的乘客有选择禄口机场出行的习惯,21%的乘客有选择浦东机场的习惯,剩余17%的乘客没有选择习惯。在有选择浦东机场习惯的乘客中,68%的乘客的习惯强度低于0.3。因此扬州市内的乘客能够较快感知禄口机场客观效用的提升,快速地改变机场选择。而由于扬州市内有较多乘客在机场长途巴士开通前已拥有选择禄口机场的习惯,因此该阶段内禄口机场在扬州市的市场份额没有因发车频率的降低而减少,反而有所增加。

优化后的禄口机场巴士发车时刻表　表4-9

城市	发车时刻									
扬州	05:00	07:00	08:00	09:00	11:00	12:00	13:00	15:00	16:00	17:00
扬中	06:00	08:00	10:00	13:00	15:00	17:00				
镇江	06:00	08:00	09:00	11:00	12:00	14:00	15:00	16:00	17:00	
丹阳	06:00	08:00	10:00	12:00	14:00	16:00				
常州	05:00	07:00	09:00	11:00	13:00	15:00	17:00			
金坛	06:00	08:00	10:00	12:00	14:00	16:00				
溧阳	06:00	08:00	10:00	12:00	14:00	16:00				
宜兴	05:00	06:00	07:00	08:00	10:00	11:00	12:00	14:00	16:00	18:00
泰州	05:00	07:00	09:00	11:00	13:00	15:00	17:00			
无锡	06:00	08:00	9:00	10:00	13:00	16:00	18:00			

而在扬中、丹阳、常州、金坛、溧阳、宜兴、泰州和无锡的发车频率比现行时刻表中的发车频率高。这是因为这些城市内有大部分乘客拥有选择浦东机场的习惯且习惯强度较大。因此,禄口机场需增加其客观效用来弥补习惯强度带来的折减。同时,在这一阶段末,从禄口机场出发的航班中平均每航班订票人数增加1.3人,说明该阶段内航空公司制定的票价与机场巴士开通前差异较小。所以这阶段内机票价格没有抑制机场长途巴士带来的市场份额的增长。

②缓慢增长期(2007年4月—2008年3月)

市场份额由46%上升至61%,月均增长量为1.3%。在该阶段内,各城市节点增加乘客人数占总增加人数的比例见表4-10。表中,扬中市、丹阳市、溧阳市、宜兴市和无锡市所占比例较高,说明这一阶段内,上述5个城市带动了禄口机场在整个区域内市场份额的增长;而扬州市、镇江市、常州市和泰州市所占比例远小于第一阶段所占比例,说明在这一阶段内,禄口机场在这4个城市中的市场份额已经较为平稳。该阶段增加的乘客中,64.6%的乘客在机场长途巴士开通前有选择择浦东机场的习惯,且习惯强度集中在0.3~0.65。这说明在该阶段,扬中市、丹阳市、溧阳市、宜兴市和无锡市中一些难以转变选择习惯的乘客开始改变机场选择,重新形成新的机场选择习惯。

缓慢增长期各城市增加人数占区域内总增加人数的比例 表4-10

城市	扬州	扬中	镇江	丹阳	常州	金坛	溧阳	宜兴	泰州	无锡
比例	2.50%	8.70%	2.20%	8.21%	5.90%	5.50%	9.01%	27.13%	6.40%	24.45%

该阶段内机场巴士发车时刻表见表4-11,相对于上一阶段,该阶段内时刻表的发车频率升高。以扬州市为例,发车间隔缩小至1h,镇江和宜兴市的发车间隔也有所缩短。

优化后的禄口机场巴士发车时刻表 表4-11

城市	发车时刻													
扬州	05:00	06:00	07:00	08:00	09:00	10:00	11:00	12:00	13:00	14:00	15:00	16:00	17:00	18:00
扬中	06:00	08:00	10:00	13:00	15:00	17:00								
镇江	06:00	07:00	08:00	09:00	10:00	11:00	12:00	13:00	14:00	15:00	16:00	17:00		
丹阳	06:00	08:00	10:00	12:00	14:00	16:00								
常州	05:00	07:00	09:00	11:00	13:00	15:00	17:00							
金坛	06:00	08:00	10:00	12:00	14:00	16:00								

续上表

城市	发车时刻													
溧阳	06:00	08:00	10:00	12:00	14:00	16:00								
宜兴	05:00	06:00	07:00	08:00	10:00	11:00	12:00	14:00	16:00	18:00				
泰州	05:00	07:00	09:00	11:00	13:00	15:00	17:00							
无锡	06:00	07:00	09:00	11:00	13:00	14:00	16:00	18:00						

机场长途巴士发车时刻增加的原因如下:一方面,由于这一阶段中大部分改变机场选择习惯的乘客在机场长途巴士开通前有较大的选择浦东机场的习惯,这要求机场依据这部分乘客的出行属性(如偏好的出发时刻)等设计时刻表。另一方面,由于禄口机场在区域内市场份额持续增加,禄口机场的航班价格有所上升,这导致禄口机场的客观效用下降,机场需提高机场巴士的发车频率来弥补机票价格升高带来的折减,以减少客源流失。

具体来说,2007 年 4 月—2008 年 2 月,禄口机场每个航班的售票座位数平均增加 4.5 人,这导致该阶段内部分航班价格升高。以"南京—大连"航线上某航班的机票价格为例,该航班在 2006 年 6 月的人均价格为 425.23 元,而在 2007 年 6 月,该航班人均价格升至 467.54 元。机票价格的升高使刚刚转向禄口机场的乘客以及选择禄口机场选择习惯强度较低的乘客重新考虑使用浦东机场,因此这使该阶段内机场市场份额增加幅度减弱。

③平稳期(2008 年 4 月—　)

在该阶段,大部分乘客已经形成稳定的选择习惯。优化后各个城市的市场份额见表 4-12。经对比可以发现优化后的值与优化前的值相差不大。

禄口机场在 10 个城市的市场份额增长值(2008 年 4 月)　　表 4-12

城　市	市场份额增长值(%)	城　市	市场份额增长值(%)
无锡	0.45	丹阳	2.56
扬州	1.2	泰州	3.18
扬中	1.56	常州	1.32
镇江	1.68	溧阳	1.76
金坛	2.11	宜兴	0.24

优化得到时刻表(表 4-13)。与表 4-3 进行对比,该阶段的时刻表中各城市的发车频率降低。这说明大部分乘客已经形成了禄口机场选择习惯,机场运营者适当降低发车频率,并不会对已有客源造成较大影响。同时,运营者通过降低发车频

率,可节省运营成本。

优化后的禄口机场巴士发车时刻表(2008年4月)　　表4-13

城市	发车时刻											
扬州	05:00	06:00	08:00	09:00	10:00	11:00	12:00	13:00	14:00	15:00	16:00	18:00
扬中	06:00	09:00	13:00	16:00								
镇江	06:00	08:00	09:00	10:00	11:00	12:00	14:00	15:00	16:00	17:00		
丹阳	06:00	09:00	11:00	14:00	16:00							
常州	05:00	08:00	11:00	13:00	15:00	17:00						
金坛	07:00	08:00	12:00	14:00	16:00							
溧阳	06:00	09:00	11:00	13:00	15:00							
宜兴	05:00	07:00	08:00	10:00	13:00	14:00	16:00	17:00				
泰州	05:00	07:00	09:00	11:00	13:00	15:00	17:00					
无锡	06:00	07:00	09:00	11:00	13:00	14:00	16:00	18:00				

4.6.2 单个城市优化结果分析

由于城市较多,这里选择禄口机场在无锡市和扬州市两个城市培育期内市场份额的演变为例进行介绍。

(1)优化后无锡市市场份额的变化

上一章单独优化了“禄口机场—无锡市”的机场长途巴士时刻表,本章将无锡市作为机场长途巴士网络中的一个节点,并在考虑机票价格对乘客机场选择行为影响的基础上,优化网络中各条线路在培育期内的时刻表。对比两章优化结果,得到图4-13。图中菱形标记线为本章新优化得到的禄口机场在无锡市市场份额的增长曲线,正方形标记线为不考虑其他巴士线路和机票价格影响的优化曲线,直线代表实际数据。

对比本章和上一章的优化结果可以看出:①2006年6月—2007年1月,两条曲线相互重合。这说明在机场巴士开通的初期,区域内增加的客流不足以引起机票价格的升高,因此运营者可以在设计时刻表时忽略机票价格的影响。②从2007年2月起,两条优化曲线开始分离,优化结果2小于优化结果1。这说明机票价格的提高抑制了机场巴士带来的市场份额增长,虽然运营者在这一阶段提高了机场的发车频率,但是不能完全弥补机票价格升高带来的折减。同时,由于运营者需兼顾运营成本,也不可能无限提高巴士效用。因此,在考虑机票价格的影响后,优化得到的市场份额曲线明显低于不考虑机票价格影响时的曲线。③优化结果2中的时刻表使禄口机场在无锡市的市场培育期缩短了8个月,但是最终的市场份额却与优化前基本持平。这说明当我们在更复杂、更接近实际的环境中优化机场长途巴士的时刻表时，优化得到的时刻表只能使机场的市场培育期缩短，却不能提高机场巴士最终的实施效果。

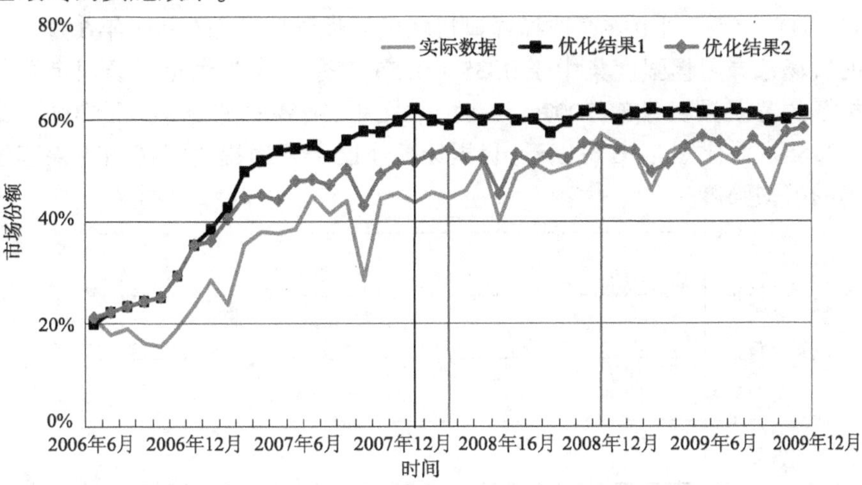

图 4-13　优化后禄口机场在无锡市市场份额演变过程

(2)扬州市乘客机场选择习惯变化

图 4-14 为优化结果中禄口机场在扬州市市场份额的变化曲线。可以看出，优化后禄口机场在扬州市的培育期为 9 个月，比优化前缩短 5 个月。由于在机场巴士开通前，扬州市有超过 55% 的乘客有选择禄口机场的习惯，且有选择浦东机场习惯的乘客所拥有的习惯强度较低，因此，巴士开通后禄口机场的市场份额迅速增加。另外由于 2007 年 2 月前区域内选择禄口机场出行的乘客总增加量较小，禄口机场在扬州市市场份额的增长没有受到机票价格提高的影响。

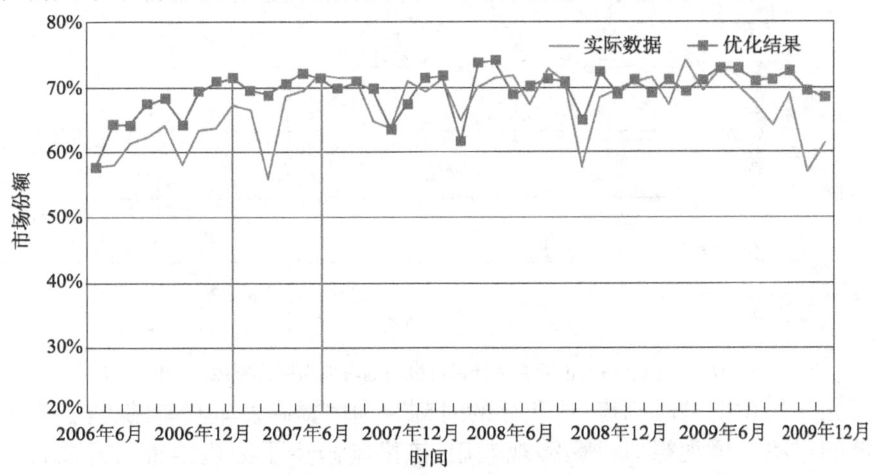

图 4-14　优化后禄口机场在扬州市市场份额演变过程

与优化前相比,优化后的市场份额在培育期结束时增加了1.2%。虽然市场份额的增幅较小,但是扬州市乘客选择禄口机场的习惯强度发生了较大的变化。图4-15为优化前扬州市乘客选择禄口机场的习惯强度分布(2007年6月)。图中,乘客的机场选择习惯强度集中于0.35~0.55。图4-16为优化后扬州市乘客选择禄口机场的习惯强度分布(2007年6月)。图中,乘客的机场选择习惯强度集中于0.55~0.65。对比图4-16可以看出,机场长途巴士开通提高了扬州市乘客选择禄口机场的习惯强度。

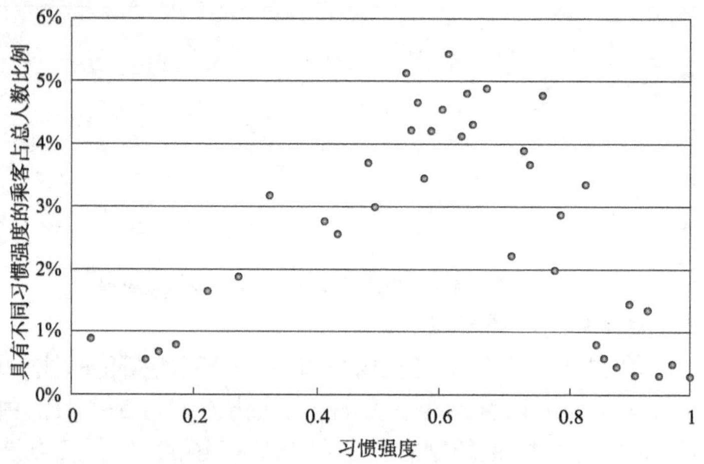

图4-15　优化前扬州市乘客选择禄口机场的习惯强度分布(2007年6月)

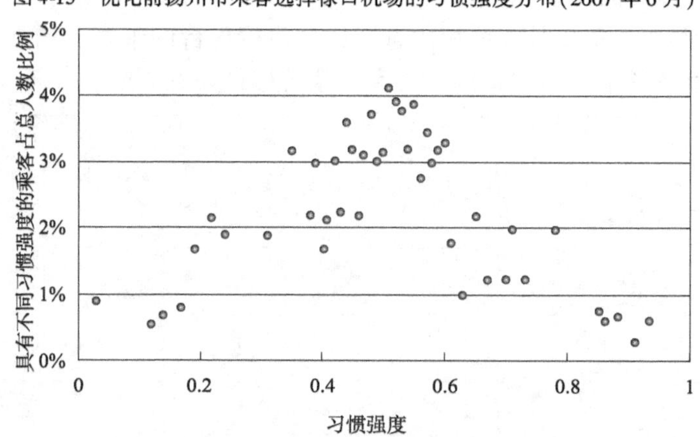

图4-16　优化后扬州市乘客选择禄口机场的习惯强度分布(2007年6月)

相比于优化前的时刻表,优化后的时刻表利用提高发车频率的方法,在培育乘客习惯的过程中增加禄口机场客观效用,该措施减少了因机票价格升高带来的乘客习惯强度的下降,因此乘客的习惯强度在培育期内逐渐升高。乘客习惯强度的大幅度提高使禄口机场能够在降低机场巴士发车频率的同时，维持在扬州市的市场份额。同时，从 2009 年 6 月—12 月间的优化结果与现实数据的比较可以看出，习惯强度的提高使禄口机场在扬州市的市场份额更稳定。这说明即使整体航空需求有所下降，高习惯强度也能保证机场客流的平稳。另外，扬州市乘客选择禄口机场的习惯强度越高，浦东机场越难重新转变该市的机场选择强度，这使禄口机场在扬州市的市场份额更加稳定。

4.7　本章小结

本章在分析机票价格、时刻表与市场份额间反馈关系的基础上，构建考虑机票价格变化的培育期内机场长途巴士时刻表动态优化模型。通过求解模型得到培育期内机场长途巴士网络的时刻表以及机场在区域内市场份额的演变。优化结果显示，机票价格因机场长途巴士的开通而升高，从而降低了机场的客观效用，因此，抑制了其在区域内市场份额的增长；模型考虑机票价格变化因素后，优化得到的动态时刻表能大幅缩短市场培育期，却不能引起市场份额的大幅提升；另外优化后的时刻表提高了乘客的习惯强度，可以保证机场市场份额的长期稳定。

第5章 结　　论

本研究在模拟乘客长期需求演变的基础上，利用时刻表、机票价格与市场份额的反馈关系，以最大化培育期内市场份额增幅与增速、最小化运营成本为目标，动态优化培育期内机场长途巴士单条线路以及整个网络的时刻表。通过模型构建、算法设计和实例分析得出以下结论：

①考虑选择习惯的机场选择决策模型刻画了有限理性状态下出行者的决策过程。与传统的机场选择决策模型相比，该模型将影响机场选择行为的主观因素，由一个抽象的概念转变为具体可测量的数值，并基于累积前景理论刻画乘客在面对走行时间不确定时衡量收益与损失并最终做出选择的过程。结果指出，习惯影响了乘客对客观实际的认知，在主观上降低了新产品/服务效用。模型的构建理念不仅可用于机场选择决策，对其他类型的不确定状态下的选择决策过程同样适用。

②通过模拟乘客机场选择习惯的转变过程，得到培育期内机场市场份额的演变。该模拟方法揭示了市场培育期存在的潜在原因：乘客需在一段时间内完成选择习惯和选择行为的同步改变。模拟结果显示乘客的选择在多次出行中逐渐变化，选择习惯强度在相邻两次出行间逐渐衰减。敏感度分析结果指出，提高新产品/服务的效用可加速并提高培育期内市场份额的增长。

③在明确培育期内市场份额演变过程的基础上，我们发现：在培育期内，供给方会利用各种促销手段来快速吸引顾客。本书研究了这一现象形成的潜在原因并指出：促销活动将影响顾客的选择习惯，继而影响新产品/服务的市场份额变化。基于以上分析，本书指出：提高市场份额增速和增幅的方法是在培育期内随顾客习惯和选择行为的变化，不断调整新产品/服务的客观效用。

④通过构建并求解培育期内机场长途巴士时刻表动态优化模型，得到培育期各时点上的发车时刻表。依据优化结果可知，需在新产品/服务培育期的各个阶段制订不同的运营计划：在培育期初期，大幅提高客观效用，迅速吸引大部分顾客；在培育期中期，保持客观效用并做小幅度调整，有目标地吸引特定顾客；在培育期后期，可合理降低客观效用，寻找既能维持顾客习惯也能最大化收益的平衡点，制订适用于平稳期的运营/销售计划。

⑤将时刻表优化的范围由机场长途巴士的单条线路扩展到整个网络时，本书

考虑了增加客流对机票价格的影响,在原有的时刻表动态优化模型中加入航班定价模型。优化结果显示,机票价格因客流量增加而升高,不断升高的价格抑制了机场长途巴士的实施效果,使优化得到的时刻表仅能缩短市场培育期,却不能大幅提高市场份额。这说明,在制订培育期内新产品/服务的运营计划时,不但需要考虑系统内部客观因素与需求间的关系,还需要考虑系统外部客观因素对顾客(乘客)的影响,如此才能全面预测需求并制订合理的销售/运营计划。

参考文献

[1] 中国民用航空局. 2018 年民航行业发展统计公报[EB/OL]. (2019-05-08)[2019-07-01]. http://www.caac.gov.cn/XXGK/XXGK/TJSJ/201905/t 20190508-196033.html.

[2] 中国民用航空局. 中国民用航空发展第十三个五年规划[EB/OL]. (2017-02-05)[2019-07-01]. http://www.caac.gov.cn/XXGK/XXGK/FZGH/201704/P020170405610579468910.pdf.

[3] 广东机场集团计算机信息管理中心. 中国民航多机场平台建设探讨[EB/OL]. (2013-03-01)[2019-07-01]. http://www.carnoc.com/forum/SITA/PDF/shirong.pdf.

[4] 张晓玲, 吴春春. 基于灰色综合评价法的国内主要机场竞争力评价[J]. 物流工程与管理, 2013,5 (11): 166-168.

[5] 王勇. 世界民航业的发展与中国民航的战略思考[J]. 改革与战略, 2011, 27(4): 131-133.

[6] 宿凤鸣. 综合交通枢纽的典范——希斯罗机场[J]. 中国民用航空, 2013, 23(4): 17-19.

[7] INNES J D, DOUCET D H. Effects of access distance and level of service on airport choice[J]. Journal of Transportation Engineering, 1990, 116(4): 507-516.

[8] NESSET E. Effects of switching costs on customer attitude loyalty to an airport in a multi-airport region[J]. Transportation Research Part A: Policy and Practice, 2014, 67: 240-253.

[9] SIMON H A. Models of bounded rationality: Empirically grounded economic reason[M]. 3rd. Cambridge, Mass: MIT Press, 1982.

[10] 刘海澄. 英汉对比赏析: 改变老习惯选译——埃德蒙顿机场实行市场计划与其竞争对手争夺旅客及航空公司[J]. 海外英语, 2010, 8: 76-93.

[11] HEYNS G, CARSTENS S. Passenger choice decisions at a regional airport in South Africa[J]. Journal of Transport and Supply Chain Management, 2011, 5(1): 186-201.

[12] PARK J Y, JANG S S. Why do customers switch? More satiated or less satisfied[J]. International Journal of Hospitality Management, 2014, 37: 159-170.

[13] MOHSAN F, NAWAZ M M, KHAN M S. Impact of customer satisfaction on customer loyalty and intentions to switch: Evidence from banking sector of Pakistan[J]. International Journal of Business and Social Science, 2011, 2(16): 230-245.

[14] 姜旭平, 王鑫. 影响搜索引擎营销效果的关键因素分析[J]. 管理科学学报, 2011, 14(9): 37-45.

[15] TOWLER G, SHEPHERD R. Modification of Fishbein and Ajzen's theory of reasoned action to predict chip consumption[J]. Food Quality and Preference, 1992, 3(1): 37-45.

[16] ABDA M B, BELOBABA P P, SWELBAR W S. Impacts of LCC growth on domestic traffic and

fares at largest US airports[J]. Journal of Air Transport Management, 2012, 18(1): 21-25.

[17] MAERTANS S. Estimating the market power of airports in their catchment areas——a Europe-wide approach[J]. Journal of Transport Geography, 2012, 22: 10-18.

[18] JOU R C, HENSHER D A, HSU T L. Airport ground access mode choice behavior after the introduction of a new mode: A case study of Taoyuan International Airport in Taiwan[J]. Transportation Research Part E: Logistics and Transportation Review, 2011, 47(3): 371-381.

[19] 李拂帘. 探索机场巴士运营新模式——西安咸阳国际机场汽车运输有限责任公司发展纪略[J]. 运输经理世界, 2009, 5(11): 57-57.

[20] 潘虹. 基于机场轨道交通的机场巴士线路优化调整研究[J]. 交通与运输, 2012, 27(12): 106-110.

[21] 聂磊, 高艺, 佘亮. 首都机场快线客运需求预测与运营方式研究[J]. 交通运输系统工程与信息, 2009, 9(4): 151-158.

[22] 张俊, 李堃, 李卓. 首都机场陆侧交通优化策略研究[J]. 综合运输, 2013, 24(3): 15-20.

[23] 周宪锋, 朱香荣, 花俊国. 基于供求弹性角度的原料奶生产影响因素的实证分析[J]. 中国农村经济, 2008, 4(7): 73-80.

[24] 王咏, 陆林, 王飞. 生态旅游市场培育研究[J]. 资源开发与市场, 2004, 20(1): 52-54.

[25] 周小民. 消费习惯是零售业态进化的内驱力[J]. 宁波经济: 财经视点, 2011, 12(11): 51-52.

[26] 王成纲, 文学. 交通运输市场概论[M]. 人民交通出版社, 1999.

[27] LIAN J I, RONNEVIK J. Airport competition——Regional airports losing ground to main airports[J]. Journal of Transport Geography, 2011, 19(1): 85-92.

[28] WTTENBRAKER J, GIBBS B L, Kahle L R. Seat belt attitudes, habits, and behaviors: An adaptive amendment to the Fishbein model[J]. Journal of Applied Social Psychology, 1983, 13(5): 406-421.

[29] 陈洁, 杨升荣, 王方华. 在线消费者品牌选择习惯持续性效应分离[J]. 系统管理学报, 2010, 3(3): 329-333.

[30] 夏崴. 枢纽型机场陆侧交通换乘组织的研究[D]. 上海:同济大学, 2008.

[31] SUN Y, SONG R, HE S W. Comprehensive optimization of feeder bus timetable and regional vehicle scheduling[J]. Journal of Jilin University(Engineering and Technology Edition), 2011, 41(5): 1228-1233.

[32] 孙芙灵. 公交调度中发车间隔的确定方法的探讨[J]. 西安公路交通大学学报, 1997, 17(02b): 44-48.

[33] 刘志刚, 申金升. 区域公交时刻表及车辆调度双层规划模型[J]. 系统工程理论与实践, 2007, 27(11): 135-141.

[34] 毛志宏, 牛惠民. 城市公交系统结构合理性的研究[J]. 兰州交通大学学报, 2005, 1: 23-34.

[35] NASRI A, MOGHADAM M F, MOKHTARI H. Timetable optimization for maximum usage of regenerative energy of braking in electrical railway systems [C]//Power Electronics Electrical Drives Automation and Motion (SPEEDAM), 2010 International Symposium on, 2010: 1218-1221.

[36] JIN Q, FENG S. Timetable optimization for inter-city train of transit type [J]. Journal of Traffic and Transportation Engineering, 2005, 2: 21-37.

[37] FLEURENT C, LESSARD R, SEGUIN L. Transit timetable synchronization: Evaluation and optimization[C]//Proceedings of the 9th international conference on computer-aided scheduling of public transport, San Diego, 2004: 9-11.

[38] 孙杨, 宋瑞, 何世伟. 随机需求下公交时刻表设计的鲁棒性优化[J]. 系统工程理论与实践, 2011, 31(5): 986-992.

[39] YANG L, LI K, GAO Z. Train timetable problem on a single-line railway with fuzzy passenger demand[J]. Fuzzy Systems, IEEE Transactions on, 2009, 17(3): 617-629.

[40] CORDNE R, REDAELLI F. Optimizing the demand captured by a railway system with a regular timetable[J]. Transportation Research Part B: Methodological, 2011, 45(2): 430-446.

[41] 宋瑞, 何世伟, 杨永凯. 公交时刻表设计与车辆运用综合优化模型[J]. 中国公路学报, 2006, 19(3): 70-76.

[42] WARDMAN M, BATLEY R. Travel time reliability: a review of late time valuations, elasticities and demand impacts in the passenger rail market in Great Britain[J]. Transportation, 2014, 41(5): 1041-1069.

[43] 吉婉欣, 杨东援, 段征宇. 基于公交准时化的时刻表制定方法研究[J]. 城市公共交通, 2011, 43(10): 32-36.

[44] SHIGHARA I, ARAI A, SAITOU O. A dynamic bus guide based on real-time bus locations——A Demonstration Plan[C]//Network-Based Information Systems (NBiS), 2013 16th International Conference on, 2013: 436-438.

[45] SUN L, JIN J G, LEE DH. Demand-driven timetable design for metro services[J]. Transportation Research Part C: Emerging Technologies, 2014, 46: 284-299.

[46] 刘环宇. 基于可靠性的公交时刻表优化设计研究[D]. 北京:北京交通大学, 2010.

[47] STRUBE M S, FINGER M, HALLER A. Integrated timetables for railway passenger transport services[R]. Swiss Economics, 2012.

[48] RIETVELD P, BRUINSMA F, VAN VUUREN D J. Coping with unreliability in public transport chains: A case study for Netherlands[J]. Transportation Research Part A: Policy and Practice, 2001, 35(6): 539-559.

[49] LIEBCHEN C, MOHRING R H. A case study in periodic timetabling[J]. Electronic Notes in Theoretical Computer Science, 2002, 66(6): 18-31.

[50] ALEANDERSSON G, HULTEN S, FOLSTER S. The effects of competition in Swedish local bus

services[J]. Journal of Transport Economics and Policy, 1998, 6: 203-219.

[51] SKINNER R E. Airport choice——an empirical study[J]. Journal of Transportation Engineering, 1976,11: 102-110.

[52] AUGUSTINES J G, DEMAKOPOULOS S A. Air passenger distribution model for a multiterminal airport system[J]. Transportation Research Record, 1978, 6: 73-79.

[53] ISHII J, JUN S, VAN D K. Air travel choices in multi-airport markets[J]. Journal of Urban Economics, 2009, 65(2): 216-227.

[54] COHAS F J, BELOBABA P P, SIMPSON R W. Competitive fare and frequency effects in airport market share modeling[J]. Journal of Air Transport Management, 1995, 2(1): 33-45.

[55] BASAR G, BHAT C A. Parameterized consideration set model for airport choice: an application to the San Francisco Bay area[J]. Transportation Research Part B: Methodological, 2004, 38(10): 889-904.

[56] 曹学明. 区域多机场系统机场选址模型研究[J]. 交通运输系统工程与信息, 2009, 10(1): 117-121.

[57] SUZUKI Y, CRUM M R, ARDINO M J. Airport choice, leakage, and experience in single-airport regions[J]. Journal of Transportation Engineering, 2003, 129(2): 212-218.

[58] MARCUCCI E, GATTA V. Regional airport choice: consumer behaviour and policy implications[J]. Journal of Transport Geography, 2011, 19(1): 70-84.

[59] 赵凤彩, 吴彦丽. 中国区域多机场系统旅客吞吐量预测方法研究[J]. 中国民航大学学报, 2009, 26(6): 56-60.

[60] SUZUKI Y, AUDINO M J. The effect of airfares on airport leakage in single-airport regions[J]. Transportation, 2003, 34: 31-41.

[61] SUZUKI Y, CRUM M R, AUDINO M J. Airport leakage and airline pricing strategy in single-airport regions[J]. Transportation Research Part E: Logistics and Transportation Review, 2004, 40(1): 19-37.

[62] SUZUKI Y. Modeling and testing the "two-step" decision process of travelers in airport and airline choices[J]. Transportation Research Part E: Logistics and Transportation Review, 2007, 43(1): 1-20.

[63] WOOD W, NEAL D T. A new look at habits and the habit-goal interface[J]. Psychological review, 2007, 114(4): 843-852.

[64] AARTS H, VERPLANKEN B, VAN KNIPPENBERG A. Habit and information use in travel mode choices[J]. Acta Psychologic, 1997, 96(1): 1-14.

[65] GARLING T, AXHAUSEN K W. Introduction: Habitual travel choice[J]. Transportation, 2003, 30(1): 1-11.

[66] KLOCKNER C A, MATTHIES E. How habits interfere with norm-directed behaviour: A normative decision-making model for travel mode choice[J]. Journal of Environmental Psychology,

2004, 24(3): 319-327.

[67] BAMBERG S, AJZEN I, SCHMIDT P. Choice of travel mode in the theory of planned behavior: The roles of past behavior, habit, and reasoned action[J]. Basic and applied social psychology, 2003, 25(3): 175-187.

[68] BOGERS E A, VITI F, HOOGENDOORN S P. Joint modeling of advanced travel information service, habit, and learning impacts on route choice by laboratory simulator experiments[J]. Transportation Research Record: Journal of the Transportation Research Board, 2005, 1926(1): 189-197.

[69] NAKAYAMA S, KITAMURA R. Route choice model with inductive learning[J]. Transportation Research Record: Journal of the Transportation Research Board, 2000, 17(1): 63-70.

[70] BEN E E, SHIFTAN Y. Which road do I take? A learning-based model of route-choice behavior with real-time information[J]. Transportation Research Part A: Policy and Practice, 2010, 44(4): 249-264.

[71] HIRAGUCHI R. The overlapping generations model with habit formation: A comment[J]. Journal of Economic Dynamics and Control, 2008, 32(12): 4016-4017.

[72] JAGER W. Breaking bad habits: a dynamical perspective on habit formation and change[J]. Human Decision-Making and Environmental Perception-Understanding and Assisting Human Decision-Making in Real Life Settings. Libor Amicorum for Charles Vlek, Groningen: University of Groningen, 2003, 34(3): 547-551.

[73] WEBB T L, SHEERAN P, LUSZCZYNSKA A. Planning to break unwanted habits: Habit strength moderates implementation intention effects on behaviour change[J]. British Journal of Social Psychology, 2009, 48(3): 507-523.

[74] PELS E, NIJKAMP P, Rietveld P. Access to and competition between airports: a case study for the San Francisco Bay area[J]. Transportation Research Part A: Policy and Practice, 2003, 37(1): 71-83.

[75] VERPLANKEN B, AARTS H, VAN KNIPPENBERG A. Habit, information acquisition, and the process of making travel mode choices[J]. European Journal of Social Psychology, 1997, 27(5): 539-560.

[76] DUBIN E, GRISHCHENKO O V, KARTASHOV V. Habit formation heterogeneity: Implications for aggregate asset pricing[M]. Division of Research & Statistics and Monetary Affairs, Federal Reserve Board, 2012.

[77] RONIS D L, YATES J F, KIRSCHT J P. Attitudes, decisions, and habits as determinants of repeated behavior[J]. Attitude structure and function, 1989, 56: 213-239.

[78] AJZEN I. The theory of planned behavior[J]. Organizational behavior and human decision processes, 1991, 50(2): 179-211.

[79] KAHNEMAN D, TVERSKY A. Prospect theory: An analysis of decision under risk[J]. Econo-

metrica: Journal of the Econometric Society, 1979, 4: 263-291.

[80] 赵凛, 张星臣. 基于"前景理论"的先验信息下出行者路径选择模型[J]. 交通运输系统工程与信息, 2006, 6(2): 42-46.

[81] KAHNEMAN D, TVERSKY A. Choices, values, and frames[J]. American psychologist, 1984, 39(4): 341-356.

[82] TVERSKY A, KAHNEMAN D. Advances in prospect theory: Cumulative representation of uncertainty[J]. Journal of Risk and uncertainty, 1992, 5(4): 297-323.

[83] 徐红利, 周晶, 徐薇. 基于累积前景理论的随机网络用户均衡模型[J]. 管理科学学报, 2011, 14(7): 1-7.

[84] BLAIR E, BURTON S. Cognitive processes used by survey respondents to answer behavioral frequency questions[J]. Journal of Consumer Research, 1987, 45: 280-288.

[85] ZHANG M J, ChEN C, HAN M X. Passenger Waiting Time and Behavioral Adaption to Suburban Bus Timetable[J]. Applied Mechanics and Materials, 2014, 505: 1199-1203.

[86] 黄宇菲, 汪应洛. 基于学习遗忘曲线模型的员工生产率研究[J]. 管理学报, 2011, 8(9): 1325-1331.

[87] EBBINGHAUS H. Memory: A contribution to experimental psychology[J]. Annals of Neurosciences, 2013, 20(4): 155-167.

[88] BAILEY C D, MCINTYRE E V. Using parameter prediction models to forecast post-interruption learning[J]. IEEE Transactions, 2003, 35(12): 1077-1090.

[89] JABER M Y, BONNEY M. Production breaks and the learning curve: the forgetting phenomenon [J]. Applied Mathematical Modelling, 1996, 20(2): 162-169.

[90] JABER M Y, KHER H V. Variant versus invariant time to total forgetting: the learn-forget curve model revisited[J]. Computers & Industrial Engineering, 2004, 46(4): 697-705.

[91] ORASANU J, MARTIN L. Errors in aviation decision making: A factor in accidents and incidents [C]//Proceedings of the Workshop on Human Error, Safety, and Systems Development, 1998.

[92] OUELLETTE J A, WOOD W. Habit and intention in everyday life: the multiple processes by which past behavior predicts future behavior[J]. Psychological bulletin, 1998, 124(1): 54-65.

[93] VERPLANKEN B, ORBELL S. Reflections on Past Behavior: A Self-Report Index of Habit Strength1[J]. Journal of Applied Social Psychology, 2003, 33(6): 1313-1330.

[94] MITTAL B, LASSAR W M. Why do customers switch? The dynamics of satisfaction versus loyalty[J]. Journal of Services Marketing, 1998, 12(3): 177-194.

[95] CANTILLO V, ORTUZAR J D, Williams H C. Modeling discrete choices in the presence of inertia and serial correlation[J]. Transportation Science, 2007, 41(2): 195-205.

[96] EAGLY A H, CHAIKEN S. The psychology of attitudes[M]. Harcourt Brace Jovanovich College Publishers, 1993.

[97] GARABEDIAN L F, ROSS D D, Ratanawijitrasin S. Impact of universal health insurance cover-

age in Thailand on sales and market share of medicines for non-communicable diseases: an interrupted time series study[J]. BMJ Open, 2012, 2(6): 34-51.

[98] ChEN C F, LAI W T. The effects of rational and habitual factors on mode choice behaviors in a motorcycle-dependent region: Evidence from Taiwan[J]. Transport Policy, 2011, 18(5): 711-718.

[99] VERPLANKEN B, AARTS H. Habit, attitude, and planned behaviour: is habit an empty construct or an interesting case of goal-directed automaticity? [J]. European review of social psychology, 1999, 10(1): 101-134.

[100] LI X, WANG D, LI K. A green train scheduling model and fuzzy multi-objective optimization algorithm[J]. Applied Mathematical Modelling, 2013, 37(4): 2063-2073.

[101] WAHLE J, BAZZAN A L C, Klügl F. Decision dynamics in a traffic scenario[J]. Physica A: Statistical Mechanics and its Applications, 2000, 287(3): 669-681.

[102] LAUDCHEN A B. Relapse Prevention, Maintenance Strategies in the Treatment of Addictive Behaviors[J]. American Journal of Psychotherapy, 2006, 60(3): 317-326.

[103] LIEBCHEN C, Schachtebeck M, Schöbel A. Computing delay resistant railway timetables[J]. Computers & Operations Research, 2010, 37(5): 857-868.

[104] XIAOMING W, LAWRENCE J, FIYNN M. Fossil Mammals of Asia: Neogene Biostratigraphy and Chronology[M]. New York: Columbia University Press, 2013.

[105] SRINIVAS N, DEB K. Multiobjective function optimization using non-dominated sorting genetic algorithms[J]. Evolutionary Computing, 1995, 2(3): 221-248.

[106] XU H, ZHOU J, XU W. A decision-making rule for modeling travelers' route choice behavior based on cumulative prospect theory[J]. Transportation Research Part C: Emerging Technologies, 2011, 19(2): 218-228.

[107] RASOULI S, Timmermans H. Applications of theories and models of choice and decision-making under conditions of uncertainty in travel behavior research[J]. Travel Behaviour and Society, 2014, 1(3): 79-90.

[108] MUTURI D, SAGWE J, NAMUKASA J. The influence of airline service quality on passenger satisfaction and loyalty: The case of Uganda airline industry[J]. The TQM Journal, 2013, 25(5): 520-532.

[109] HESS S, POLAK J W. Mixed logit modelling of airport choice in multi-airport regions[J]. Journal of Air Transport Management, 2005, 11(2): 59-68.

[110] ZHANG G, HAO Y, ZHOU L. Optimization of Regional Passenger Distributing Network for Large Airport[J]. Urban Transport of China, 2010, 4: 7-15.

[111] HESS S, POLAK J. Exploring the potential for cross-nesting structures in airport-choice analysis: a case-study of the Greater London area[J]. Transportation Research Part E: Logistics and Transportation Review, 2006, 42(2): 63-81.

[112] 张国华, 郝媛, 周乐. 大型空港枢纽区域集疏运网络优化方法[J]. 中国城市交通, 2010, 8(4): 45-65.

[113] ZHONG J , SHEN M, ZHANG J. A differential evolution algorithm with dual populations for solving periodic railway timetable scheduling problem[J]. Evolutionary Computation, IEEE Transactions , 2013, 17(4): 512-527.